山区公路
平面线形设计新理论与实现技术

Shanqu Gonglu
Pingmian Xianxing Sheji Xinlilun yu Shixian Jishu

徐 进 罗 庆 著
朱 颖 高建平 审

内 容 提 要

本书介绍了现有公路路线设计方法(设计速度方法和运行速度方法)产生和演变过程,根据公路汽车行驶速度实测结果分析了两种设计方法的适用条件;研究了六车道/四车道/双车道等三种类型公路的汽车横向加速度分布特征,建立了横向加速度一轨迹半径以及横向加速度一速度关系模型;揭示了公路线形、车辆性能以及行车干扰等因素对轨迹决策行为的影响机理和约束机制,构建了典型方向控制模式的复杂道路/赛道行驶轨迹决策模型以及滚动时域求解算法;分析了"行驶轨迹—行驶速度"之间的耦合机理,建立了复杂道路的行驶速度决策模型以及动态求解算法;最后提出了"行驶轨迹—行驶速度"协同控制的山区公路平面线形设计新方法,给出了新方法的适用条件、设计流程和工程应用范例。

本书可供道路工程、安全工程、交通工程、汽车工程等专业领域相关师生的教学与研究参考,同时本书更适合作为道路和交通工程的工程技术人员的参考用书。

图书在版编目(CIP)数据

山区公路平面线形设计新理论与实现技术 / 徐进,罗庆著. — 北京 : 人民交通出版社,2014.1

ISBN 978-7-114-11010-8

Ⅰ. ①山… Ⅱ. ①徐… ②罗… Ⅲ. ①山区道路—公路线形—线形设计—平面设计 Ⅳ. ①U412.36

中国版本图书馆 CIP 数据核字(2013)第 271326 号

书　　名: **山区公路平面线形设计新理论与实现技术**
著 作 者: 徐　进　罗　庆
责任编辑: 温鹏飞
出版发行: 人民交通出版社
地　　址: (100011)北京市朝阳区安定门外外馆斜街 3 号
网　　址: http://www.ccpress.com.cn
销售电话: (010)59757973
总 经 销: 人民交通出版社发行部
经　　销: 各地新华书店
印　　刷: 北京市密东印刷有限公司
开　　本: 720×960　1/16
印　　张: 9.5
字　　数: 170 千
版　　次: 2014 年 1 月　第 1 版
印　　次: 2014 年 1 月　第 1 次印刷
书　　号: ISBN 978-7-114-11010-8
定　　价: 38.00 元
(有印刷、装订质量问题的图书由本社负责调换)

前　言

将公路上真实的车辆运行特性和驾驶行为反映在路线设计阶段并用其控制几何要素取值，一直是公路设计的基本思想。几十年来，设计速度自身的不断改进，以及从设计速度方法至运行速度方法的演变，正是这一思想的体现和作用结果。但我们正在使用的设计速度方法只有在平缓地形的高等级公路设计上才具有较好的适应性，而在面对山岭区公路特别是曲率变化极大且复杂线形组合的公路时则很难取得预期的应用效果。虽然近年来我国在设计山区高速公路时增加了基于运行速度曲线的设计一致性评价环节（类似于使用运行速度方法），但目前以 V_{85} 统计模型为核心手段的运行速度方法与公路上正在发生的实际情况仍有很大的差距，且不能反映出多样化的方向控制行为（轨迹决策行为）的重要影响，导致路线设计难以实现设计者的预期，人—车—路三者的不协调以及由此引发的大量行车事故期待着设计方法的改进和变革。

设计速度方法的设计思想是假定“驾驶人操纵车辆以恒定速度（即设计速度）沿道路中线行驶，然后用设计速度来决定道路几何要素的取值”。此种假定比较贴近平缓地形较高技术标准（设计速度≥60km/h）的公路行驶特性，设计人员通过曲线半径与路幅幅宽的合理搭配，可以使曲线路段行驶速度与直道行驶速度非常接近，因此行驶速度沿行驶方向是基本恒定的。但山岭地区公路上的行驶特性显然迥异于这种理想化的假定，只有在少数困难位置比如急弯或是弯坡组合段，行驶速度才接近事先假定的设计速度，而在大多数的非受限路段实际行驶速度都远高于这个值，那么按设计速度计算得到的超高率、视距和竖曲线半径等指标的取值显然不能满足实际的行驶需求。

运行速度方法由于采用了“驾驶人操纵车辆沿道路中线行驶，根据前方道路线形的几何条件来调整行驶速度（V_{85}），然后用 V_{85} 决定道路几何要素的取值”的设计思想，由于体现了道路平面曲度对驾驶人速度选择行为的影响，在很大程度上提高了公路平面线形设计的一致性，尤其是相邻曲线半径 R 的协调性得到了明显改善。但由于V_{85}统计模型的限制，目前使用运行速度方法在设计公路平面线形时，只能调整平曲线半径R一个指标，而其他几何变量比如转角、回旋线、偏转方向、弯间直线长度和路宽等得不到调整和控制。因此，此种方法与山区公路上的实际行驶特性之间依然存在着非常大的差别，在真实公路上驾驶人对预期行驶速度的选择主要依赖于车辆预期行驶轨迹的曲率特性，而对轨迹曲率起控制作用的是前方道路的整个几何特性而非仅仅是半径R，并且轨迹形态及其曲率还受到驾驶习惯和车辆特性的影响。

基于此，我们提出了一种新的路线（平面线形）设计方法，并给出了实现技术，新方法的设计思想是"考虑车辆性能的影响，在可使用路幅边界之内决策出与典型方向控制习惯对应的行驶轨迹，根据轨迹曲率在车辆动力性和行驶安全性/舒适性的约束下，决策出与典型速度控制习惯对应的行驶速度，用行驶轨迹和行驶速度控制道路几何要素的取值"。由于半径、转角、回旋线、弯间距、偏转方向和路幅宽度等要素能够改变道路几何边界，因此这些要素变化时，行驶轨迹和行驶速度也必然发生变化，因此以轨迹和速度作为设计参量，能够实现对上述全部几何要素的设计控制。

本书的研究工作是围绕"基于'行驶轨迹—行驶速度'协同控制的路线（平面线形）设计新理论及其实现技术"这一主题展开。全书共分 7 章，第 1 章介绍了设计速度方法和运行速度方法的提出、演变过程、缺陷，以及两种方法的优劣性比较；第 2 章研究了公路上汽车行驶速度特性及其影响因素，根据不同类型、不同等级公路上连续行驶速度的测量成果，分析了地形条件、车道数量、驾驶员类型、车型与连续行驶速度之间的关联和影响，探讨了行驶速度的波动特性及其与设计车速之间的偏差，讨论了设计速度和运行速度方法的适用条件；第 3 章主要研究了公路上行驶车辆的横向加速度特性，根据汽车行驶特性测试结果，分别阐述了六车道/四车道/双车道等三种类型公路的汽车横向加速度的分布特征，分析了横向加速度与轨迹半径以及与速度之间的负相关关系；第 4 章主要阐述了复杂道路汽车轨迹的决策方法，通过研究公路线形、车辆性能以及行车干扰等因素对轨迹决策行为的影响机理和约束机制，建立了典型方向控制模式下复杂道路以及赛道的行驶轨迹决策模型，以及前视轨迹点的滚动时域求解算法；第 5 章阐述了复杂道路汽车行驶速度的决策方法，通过分析道路环境、车辆性能对速度选择行为的约束机制以及"行驶轨迹—行驶速度"之间的耦合机理，建立了复杂山区公路/赛道的车辆行驶速度决策模型以及动态求解算法；第 6 章在前面几章的研究基础上提出了“行驶轨迹—行驶速度”协同控制的平面线形设计新方法，分析了新方法的适用条件，研究了应用新方法时的设计流程，并以两条山区公路改建为依托介绍了工程应用，提供了可参考的实际范例；第 7 章是对全书研究工作的总结。

使用本书提出的新方法进行路线设计，由于在轨迹/速度决策时可以设置多种驾驶模式，并引入了道路几何条件、车辆性能、行驶稳定性、舒适性的限制，较之以往更贴近山区公路的实际行驶情况，因此也更贴近“用真实的驾驶行为和车辆特性来控制道路几何设计”的设计思想。

本书的新方法尤其适用于穿越起伏地形的高速公路和双车道公路设计。这些公路由于要顺适地形、减小环境扰动，线形复杂且曲率变化大，车辆行驶处于不利状态，经常发生车辆驶离路面的恶性事故，因此亟须进行安全性检验，而我们所提出的模型和设计方法则可以完全适应此种需求，并且公路线形越复杂，计算效果越好，优势越明显。

全书由重庆交通大学的徐进和中铁二院工程集团有限责任公司的罗庆撰写，中铁二院的朱颖和重庆交通大学的高建平审定了全部书稿，西南交通大学交通运输学院的赵军参与了第 4 章第 5 节和第 5 章第 5 节的算法设计及其撰写工作，西南交通大学的杨奎设计了第 3 章中的实测数据特征值提取和配对算法。重庆交通大学的邵毅明和吴国雄为本书研究工作的开展以及本书的撰写提供了支持和宝贵的修改建议，感谢他们为本书的出版所做出的努力。

本书研究工作的开展获得了中铁二院工程集团有限责任公司博士后科研工作站的经费资助，同时也得到了国家自然科学基金(51278514)、同济大学道路与交通工程教育部重点实验室开放基金(K201201)以及交通运输工程重庆市重点实验室开放基金(2011CQJY002)的经费资助，重庆交通大学交通运输工程重点学科也对本课题给予了大力支持，在此一并表示感谢！

由于作者水平有限，本书难免存在疏漏和不妥之处，敬请读者批评指正。

著　者

2013 年 6 月

目　录

第1章　公路路线设计方法的演变过程以及新方法的提出

1.1　研究背景和科学意义

近百年来，设计者和科研人员为了提高公路运输的安全性、快捷性、舒适性和经济性，在载运工具、道路设施、交通管理、驾驶人行为等方面作了大量努力和尝试。在公路几何设计方面，设计者根据车辆的动力性能和行驶稳定性来确定平竖曲线半径、超高、视距、纵面坡度和路幅宽度等几何参数。在汽车设计方面，设计者坚持不懈地致力于车辆操纵性能的改进，特别是高速行驶和紧急制动情况下的路线保持能力与曲线跟踪能力的提高，增加了驾驶人对行驶车辆的可控性；与此同时，自动巡航控制、防碰撞预警控制以及各种人体防护系统的开发与应用提高了车辆主动与被动安全性。在驾驶行为方面，研究人员分析了驾驶人特性（年龄、性别、文化程度、血型、气质、饮酒以及通信工具使用等）对交通环境信息判断和操作反应能力的影响，驾驶疲劳的形成原因、影响因素以及疲劳的识别与监测，以及公路行驶环境对驾驶人心理、生理指标的关联性。

可以看出，公路设计、车辆设计和驾驶行为是车辆安全行驶所依赖的要素，整个公路运输系统运行的安全性、快速性和舒适性水平取决于这些要素之间的有效协调与相互融合程度。但事实上，尽管道路修筑技术、车辆设计水平与制造工艺、交通安全设施设计在过去几十年里分别取得了重大的进展，但我国每年发生的交通事故数量以及由此带来的人员及财产损失仍居高不下，尤其是近年来常发生山区公路营运大客车和校车的重大安全事故，表明山区道路行车安全水平令人堪忧，而我国山地面积占国土面积的2/3左右，因此，亟须研究山区复杂公路上的车辆行驶状态和驾驶行为特征，研究人—车—路协同的安全运行机理，提高山区公路的设计质量以及运营后的安全水平。

公路是支持车辆行驶的基础，公路几何线形是驾驶人对车辆行进采取控制操作的重要依据，因此，山区公路设计应该做到与车辆行驶特性、驾驶人行为特性之间的合理匹配。而导致我国山区公路安全性不高的主要原因也正是在道路设计时没有达到对其他要素（车辆、驾驶人、交通等特性）的充分考虑和有机融合，比如在设计过程中对驾驶行为的定义太过简单，即假定车辆沿道路中线等速行驶。而实际的山区公路行驶情况是，由于车流一般比较稀少，除了行车道之外驾驶人还可以使用同侧的路肩宽度或是占用一部分对向车道，因此驾驶人可以在明显盈余的路幅宽度内自由地选择行驶轨迹，自身的驾驶习惯会得到明显的体现，轨迹形态呈现出多样化特点，轨迹的曲率半径与弯道设计半径差别很大，实际的行车视距因此明显偏离了按弯道中线算得的计算值。而轨迹曲率、视距对驾驶人的速度选择行为有直接的、决定性的影响，所以，不同的轨迹特性会导致不同的速度特性。

并且，驾驶人的速度选择行为本身也呈多样化特征。与严格按照运行计划来驾驶列车的火车司机以及严格遵守航空班次驾驶飞机的飞机机长不同，汽车驾驶人在速度选择上有很大的自由，其驾驶行为更多的体现了自身性格经验以及操作习惯的烙印。对于由于商务或个人事物出行的道路用户，他们希望尽快到达目的地，因此缩短行驶时间是首要的目标，车辆行驶速度普遍偏高。而那些对旅行时间并没有要求的汽车行驶活动，不同类型驾驶人所表现出来的速度特性则有很大差别，其中一些会选择中低速行驶，但还是有很多驾驶人喜欢高速行驶，无它，只是这类驾驶人非常享受高速行车带给他们/她们的强烈快感而已。相比之下，有些驾驶人又倾向于把车速维持在一个恒定值或是很窄的范围内，即类似于定速巡航的模式。所以，真实世界中公路上的驾驶行为具有多样性和差异性特点，或如表现为追求时间最省，追求行驶舒适，倾向于安全或是维持恒速。

基于以上分析，汽车驾驶行为可以看成是不同“轨迹选择模式”与不同“速度选择模式”的组合配对。因此，按“驾驶人操纵车辆沿道路中线等速行驶”假定设计得到的道路几何显然与实际的驾驶行为不匹配，不符合驾驶人行车时的心理预期，以至于恶性交通事故频繁发生，尤其是近年来屡见不鲜的死亡人数动则数十以上的大型营运客车重特大安全事故，在造成极为严重的后果的同时也产生了广泛的非常恶劣社会影响。并且，已经开始引发了公众对道路设计质量和安全性的严重质疑，甚至已经有设计部门被起诉至法院要求承担相应的责任。

为了在设计中能够反映出真实世界公路行车的种种特点，世界各国在过去几十年里对本国的路线设计政策进行了多次修订，其中我国最近的两次修订分别是在 1994 和 2006 年，下一版的修订工作正在进行中。尽管如此，这与“用真实的驾驶行为和车辆特性来控制道路几何设计”的原则还距离尚远。设计速度在各国的设计方法中依然是确定平纵线形和横断面要素值的控制量，各国之间的差别主要在于是否使用运行速度 V_{85} 对相邻曲线单元的半径分布进行一致性检验，或是是否用V_{85}代替预先假定的计算行车速度来进行超高设置和视距计算。这表明一些国家的公路工作者已经认识到过去假定“驾驶人在公路上以预设的设计速度恒速行驶”的不合理性，开始承认半径和曲度对行驶速度的影响。但回旋线使用、路宽、弯间直线长度、弯道偏转方向等对行驶速度同样有重要影响的公路设计变量却一直没有出现在各国的V_{85}模型中。同时，在各次修订中，一直没有体现出驾驶人方向控制行为（表现为轨迹特性）的重要影响，而实际上轨迹特性与速度特性存在紧密联系，不同的轨迹控制习惯比如车道内行驶、压中线行驶、侵占路肩、切弯行驶、贴近里侧行驶等，必然对应着不同的速度选择行为；另一方面，轨迹的形态、曲率、横向位置以及拓扑特性对于平面线形设计和横断面设计可以起到直接的控制作用，同时也可以根据轨迹特性对设计的合理性进行评判。由于缺乏这些考虑，所设计的公路必然经常出现与驾驶人行为习惯相冲突、不符合驾驶人预期的情况，以至于驶离路面和平曲线事故频繁发生，设计理论/方法的固有缺陷显然要为这些事故的发生负一定责任。

因此，需要对目前我们正在使用的路线设计方法做出改进或是进行变革。在此背景下，本书提出了一种新的路线设计思想并给出了实现技术，其核心是：根据初步的线位方案计算出道路几何边界，预测出与选定方向控制模式对应的行驶轨迹，再以轨迹曲率为基础预测出与选定速度控制模式对应的行驶速度，最后同时用行驶轨迹和行驶速度对几何要素进行控制。其特点是半径、转角、回旋线、弯间距、偏转方向和路宽等几何要素的改变都能体现在行驶轨迹和行驶速度上，因此这些几何设计要素都能够被设计者所控制，解决了先前设计者只能调整弯道半径R一个要素的窘境。同时，由于设置了多种驾驶模式，并在轨迹/速度决策时引入了车辆性能、行驶稳定性和舒适性限制，新方法较之以往更贴近公路的设计思想，即“用真实的驾驶行为和车辆特性来控制道路几何设计”，并尤其适用于穿越起伏地形的公路平面线形设计。考虑到我国公路设计界一直以来的工作习惯，新方法可以作为几个步骤增加至现有的设计流程，同时，也可以将其决策算法补充进已现有的路线优化程序。

1.2 目前的公路路线(道路几何)设计方法

一种新设计理念的提出大都是由于现有设计方法存在不足，不能满足用户（道路用户）的要求，无法较好实现设计者的预期所致。因此，在给出本书的方法之前，显然需要对世界主要国家的路线设计思想和设计方法进行比较、分析和评述。

1.2.1　世界主要国家路线设计方法的演变

由于汽车驾驶最早是在美国得以普及，所以世界各国的路线设计方法大都是基于美国联邦道路运输协会（AASHTO）在 1938 年提出的计算行车速度方法。由于那时汽车的动力性能不高，人们对汽车的特性还缺乏了解且大都缺乏足够的驾驶经验，加之路面条件较差，行驶速度普遍偏低。因此 AASHTO 把设计速度定义为“那些喜欢高速行驶的，并且开起车来不计后果的驾驶人操纵车辆时所能达到的最大速度”，从当时情况来看，绝大多数车辆的行驶速度的确是低于道路设计速度。这一定义一直维持到了 1954 年的第 4 次修订，由于汽车设计和制造技术在其间的十几年里得到了迅速的提升，路面设计理论和施工工艺也同时得到了明显的改善，行驶速度大幅度增加，道路几何设计对车速的限制作用开始迅速显现。因此在此次修订中，设计速度的概念发生了明显的变化——“设计速度是用来决定公路的几何属性——反过来又影响到车辆运行，它是行驶条件良好时在公路几何条件限制下，驾驶人操纵车辆安全通过路段所能达到的最大速度”，即实质上设计速度是困难路段的临界安全速度。这一次的定义持续到了 1977 年的第 7 次修订。在这中间的 20 余年里，美国的机动车保有量持续增加，原来只是在城市街道出现的交通拥挤开始蔓延至干线公路。因此，为了避免交通拥挤所带来的干扰，在上一次的定义中补充了“在低交通量（自由流）的条件下，……”这一限制条件。包括我国在内很多国家的设计规范，都是采用此版本的定义。在时间稍早的 70 年代初，出于交通安全或是交通特性的研究目的，欧美的一些学者对公路上的行驶速度进行了大量的观测，发现此种说法并不严谨，特别是“安全通过路段所能达到的最大速度”这一描述，在很多时候实际情况并非如此。因此在 2001 年的修订中，设计速度变成了“用来决定公路几何设计变量的速度值”。

在使用这种经典的设计方法时，设计者要接受“驾驶人以设计速度操纵车辆沿道路中线行驶”这一假定，然后用选定的设计速度 V_d 确定最小极限半径、超高率、视距需求以及最大坡度值，其中视距又可以作为凸形竖曲线半径的控制参数。至于横断面参数比如车道宽和路肩宽，通常是取若干个离散的值或是范围来对应不同的设计速度。虽然美国和欧洲在行车道宽度是否对速度有明显影响这一问题上的看法存在差异，但在具体处理时都是设计速度越高，车道宽度值越大。目前世界上采用设计速度方法的国家主要有美国、加拿大、比利时、南非、中国和日本等。

设计速度方法最主要的缺陷是把复杂多变的公路行驶过程作为一个确定性

问题来处理，即以设计速度沿道路中线行驶，实际上这种处理方式是借鉴于铁路设计(铁路的出现要早于公路一百年左右)，对于铁路而言此种处理是完全没有问题的：机车行驶时轮对与铁轨紧密咬合在一起，不存在轨迹的选择与控制问题(方向控制)，因此列车的轨迹与线路形态(两根铁轨的中心线)几乎完全一致；与此同时，火车司机是严格按照图定的限制速度来控制机车速度。所以，铁路建成运营之后列车行驶时的运动和受力状态与设计阶段的预想状态完全一致，是一个典型的确定性问题。相比之下，在公路上汽车行驶中，汽车驾驶人是根据车辆前方的道路条件(几何条件和路面条件)、交通状况、所驾驶车辆的运行状态以及自身的心理和生理感受来控制车辆的行进，包括对行驶轨迹的控制和对行驶速度的控制。而当行驶环境沿行进方向变化较大时，比如山区公路行驶场合，道路几何线形以及路侧环境极为多变，驾驶人的驾驶行为呈现出明显的多样性特征，即不确定性。这种不确定性表现在两个方面，比如以弯道行驶为例：其一，对于同一个驾驶人而言，其在不同弯道上的轨迹和速度选择行为是有差别的，即弯道的几何特性会影响他/她对行驶轨迹和行驶速度的选择，进一步拓展我们可以认为行驶环境会影响驾驶人的驾驶行为；其二，就同一个弯道而言，不同的驾驶人驶经此弯道时的轨迹选择和速度选择也是有明显差别的，即驾驶人自身行为特性/习惯的差异会表现出不同的驾驶行为，进一步延伸我们认为驾驶行为本身具有多样性和不确定性。基于此，这种确定性的设计方法显然不适用于行驶过程具有明显不确定性特征的公路路线(几何)设计。

实际上，对于穿越山岭地形的公路特别是技术等级较低的双车道公路，只有在极少数的困难位置比如急弯或是弯坡组合段，行驶速度才接近事先假定的设计速度，而在大多数的非受限路段，实际的行驶速度不管是小客车、大客车还是货车通常都是远高于这个值，那么，在设计时按设计速度 V_d 计算得到的超高率、视距和竖曲线半径显然不能满足实际的行驶需求，以至于时常发生恶性的驶离路面事故以及平曲线事故。此外，设计速度方法只是对几何要素的极限值进行控制，而位于极限值之下/之上的要素取值则存在很大随意性，以至于时常出现相邻路段单元要素值突变的情况，同样会导致路线设计不符合驾驶人的心理预期的情况，引发驾驶人在控制操作上的慌乱和紧张，行车负荷增加，各种安全问题由此伴随而来。

因此，自 20 世纪 70～80 年代起，一些欧洲国家，比如德国、英国、法国和瑞士等开始认识到设计速度方法的这些缺陷，对其逐步改进，直至建立了与实际公路行驶情况较贴近的运行速度设计方法。

运行速度是用某种观测手段得到的自由流条件下的车辆行驶速度，通常以观测位置的第 85 分位速度表示(在行车安全性和工程建设费用这两个矛盾之间寻求平衡的结果),即 V_{85}。通过对速度数据和观测位置所在单元几何变量值的回归分析,可以得到以几何要素为变量的 V_{85} 统计模型。设计者将初步拟定路线的几何要素值沿行驶方向依次代入 V_{85} 模型,可以得到运行速度曲线,用该曲线可以控制相邻线元指标值的平滑过渡,保证几何设计的一致性和连续性,还可以用其确定超高率和视距,或是对事先用设计速度算得的超高率和视距进行检验。但在设计实践中,一般仍需要设置一个名义的设计速度 V_d 来控制平竖曲线最小半径、最大纵坡和极限超高率。

1.2.2 目前两种设计方法的适用环境

尽管在运行速度方法倡导者的眼中,设计速度方法存在种种的缺陷和不足,但作为美国、加拿大、俄罗斯等国至今仍在使用的方法,其必然有存在的理由。为了得到两种设计方法的适用条件,笔者在四川省、重庆市、云南省多条公路上测量了小客车、大客车和货车的行驶速度,这些公路所穿越的地形分别有龙门山系、龙泉山系、邛崃山系、大巴山系和成都平原,设计速度 20～120km/h 不等,有混合行驶的双车道二级/三级/四级公路,也有分向行驶的 4 车道或是 6 车道的高速/一级公路。通过观察速度变化点所在位置的公路几何特性,得到了地形条件、技术等级、几何线形与行驶速度之间的相互作用关系,具体的分析和论述详见本书第 2 章,在此只做简要的概述。

我国目前使用的设计速度方法最早起源于美国,美国至今仍使用设计速度方法设计公路和城市道路,而这是与美国的地形地貌分不开的,除了东部阿巴拉契亚山脉和西岸科迪勒拉山系之外,构成美国国土的主体是广袤无垠的冲积平原、高地平原和内陆盆地,地势极为平坦。由于国土面积不存在稀缺性,城镇和村庄几乎都是建立在平原上,因此美国绝大部分的公路所穿越的都是平缓地形,这样的地形条件允许设计者使用较高的几何线形指标,因此该国大多数州的公路设计速度范围为 35～70mile/h,即 56～112km/h,其中 80～112km/h 又是最常使用的设计速度范围。这种情况下,只要行车道宽度、路面宽度以及路侧净空搭配合理,直道上的行驶速度可以被控制在与曲线行驶速度很接近的范围内,因为驾驶人在直道上的速度选择行为主要是由路宽和路侧环境所决定。并且,在路面幅宽不是很充裕的条件下,80km/h 以上的设计速度已经能够达到驾驶人在双车道公路的期望速度需求。因此,驾驶人的速度选择沿路线行驶方向是基本维持不变的,并且与设计速度基本一致。显然,这已经为设计速度方法提供了比较适合的使用环境。基于以上的分析,我们也就不难理解为什么加拿大、俄罗斯等国家同样也是采用设计速度方法了，因为他们的国土也是主要由平缓地形构成。

再来看使用运行速度设计方法的国家，比如英国、瑞士和意大利。在英国的三个组成部分中，只有英格兰有一定面积的平原和盆地，而苏格兰和威尔士都是以山岭和丘陵为主；意大利有 4/5 的国土都是由山地组成，其中包括著名的亚平宁山脉、勃朗峰、维苏威火山和埃特纳火山；瑞士更是以山地之国著称，高山和湖泊遍布全境，其中包括世界闻名的阿尔卑斯山和汝拉山，因此，起伏地形是这几个国家共同的地貌特征。在这些国家，对自然环境的仔细呵护和精心维持已经形成深入人心的全民意识，在设计公路时这种环境意识必然的体现为公路路线对地形条件的顺适，因此，小半径曲线（急弯）自然不可避免。众所周知，为了保证曲线行驶的稳定性，驾驶人在进入急弯时要将车速减低至弯道的临界安全速度以下，比如 40km/h、30km/h 甚至是 20km/h，而在半径较大的缓和弯道或是直道上又可以达到很高的行驶速度，比如 70km/h、80km/h 甚至是 90km/h 以上，汽车的行驶速度完全是由驾驶员根据公路的几何特性自行调节，沿路线的行驶方向变化极大，因此，“以设计速度维持车辆恒速行驶”这种假定的驾驶模式根本不存在，设计速度方法完全失去了应用环境。而以增加相邻线元协调性为目的运行速度的方法则比较能够适应这种情况，该方法通过速差来控制相邻曲线单元的曲度差的均衡过渡，在一定程度上保证了驾驶行为的一致性，即驾驶人在驾驶过程中不会出现预料不及的线形变化。

我国国土面积辽阔、地形地貌构成极为丰富，既有一望无际的冲积平原、连绵起伏的丘陵，也有挺拔险峻的崇山峻岭，还有沟壑纵横的高原，地形地貌的多样化决定了单一的设计速度方法必然出现适应性差异的问题，在山岭区使用此种方法进行路线设计，既会对水文、植被和地质环境造成很大的冲击和破坏，同时也很难与现代车辆的行驶特性以及驾驶人的行为习惯相匹配。因此，需要深入分析不同类型公路上不同车型的行驶特性以及多样化的驾驶行为，构建一种能够适应复杂地形特点的公路路线设计理论，并提供相应的设计手段。

1.2.3　目前运行速度方法的缺陷

设计方法的种种缺陷促使了运行速度方法的提出和运用。对于公路平面设计而言，运行速度方法的最大改进是反映了弯道曲率对驾驶人速度选择行为的影响，通过控制相邻曲线半径值的平滑过渡提高了平面线形的设计一致性，并且用运行速度来计算超高率和视距，增加了行车安全性，因此与设计速度方法相比具有明显的优势。但笔者根据大量的山区公路车辆行驶特性测量数据、自身的设计经验以及与设计同行之间的交流，认为目前的运行速度方法存在以下几个明显的缺陷。

(1)能够调整的几何变量非常有限

由于是用 V_{85} 模型来计算运行速度曲线，进而实施基于速差的设计一致性评价、线形要素调整以及调整的再评价，那么只有 V_{85} 模型中包含的道路变量才能够被调整。而目前针对平曲线的 V_{85} 模型大都只含半径 R(或是 R 的变异如曲度)一个自变量，因此，通过速度曲线只能对 R 进行控制。此种情况下，设计一致性仅仅是半径 R 沿行驶方向的一致性，而非平面线形的设计一致性，更非整个道路几何设计的一致性。实际上，公路平曲线转角、路宽、回旋线、平曲线偏转方向等要素都能明显影响到驾驶人的速度选择行为，如图 1-1 所示。而使用目前的 V_{85} 模型，不同弯道只要半径 R 相同，算得的 V_{85} 值都一样，显然不符合实际行驶情况。

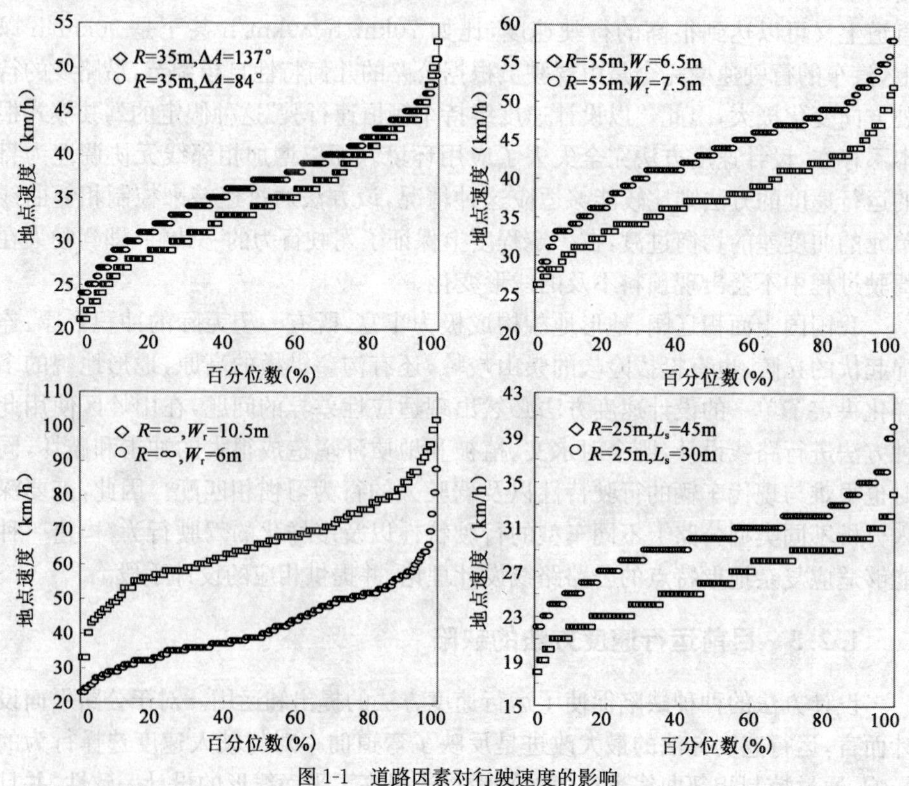

图 1-1　道路因素对行驶速度的影响

美国德克萨斯州运输研究所的 Voigt 教授虽然在其提出的 V_{85} 模型中增加了平曲线转角 ΔA，认为 ΔA 与 V_{85} 线性负相关，如图 1-2 所示。而笔者在多条双车道公路上的速度观测结果表明，二者之间虽然是负相关但并不是线性的，并且存在一个临界转角 ΔA_c，只有在 $\Delta A \leqslant \Delta A_c$ 时，ΔA 的变化才会引起 V_{85} 的改变。

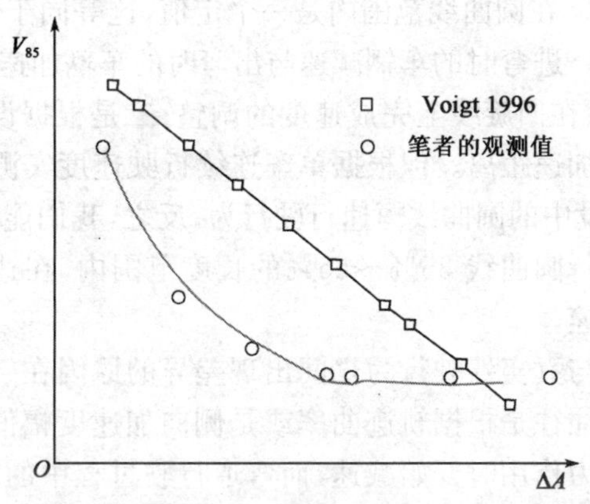

图 1-2　V_{85} 与 ΔA 之间的关系

(2)没有考虑相邻弯道之间的影响

目前的平曲线 V_{85} 模型都是针对单个弯道，这对平缓地形公路是适用的，因为这些公路的弯道之间通常有较长的直线，隔离了相邻弯道对驾驶行为的影响。对于高速行驶场合($V_d \geqslant 100$km/h 的公路)可能也是适用的，因为这类公路的平曲线半径值较大，弯道通常很长，因此弯道之间也可以看作是相互独立的。但设计速度不高的山岭区公路($V_d \leqslant 80$km/h)，连续弯道占很大的比例，由于中间的直线很短或是为零(即两弯道直接相连)，相邻弯道之间不管是在驾驶行为上还是在车辆运动学行为上都存在非常明显的耦合影响，其中前者是广为人知的，比如车辆在弯道 C_i 上行驶，前方弯道 C_{i+1} 的几何特性必然要影响到 C_i 上的速度变化。而在车辆动力学行为方面，由于 C_{i+1} 上的行驶轨迹是 C_i 上的延续，因此弯道 C_i 对 C_{i+1} 也会产生作用，在图 1-3 中可以观察到这些影响。

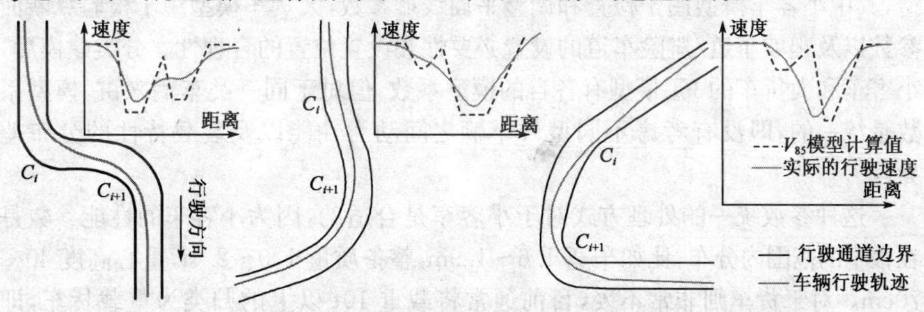

图 1-3　相邻弯道对车辆运动轨迹的影响

(3)速度变化区间假定不合理

现有的平曲线V_{85}模型是以曲率半径R作为主要自变量，而R值在圆曲线范围内恒定，因此V_{85}在圆曲线范围内是一个定值，这等同于假设驾驶人在圆曲线上维持恒速行驶。进弯时的车辆减速与出弯时的车辆加速目前有两种处理方法：一是假定驾驶人在回旋线上完成速度的调整；二是根据设定的减速度/加速度计算减速距离和加速距离。但根据单车连续行驶速度实测曲线(详见本书第2章)，并未发现假设中的圆曲线恒速行驶行为，反之，我们能看到驾驶人的减速行为通常要持续进行圆曲线35%～65%的长度范围内，在达到速度最低点后，驾驶人随即开始加速。

导致模型假定与真实驾驶行为之间出现差异的原因在于，小客车驾驶人在实际的曲线行驶时往往是根据轨迹曲率或是侧向加速度幅值来调整行驶速度，即在感受到有离心力作用时开始减速，而弯道行驶过程中的轨迹曲率变化与道路平面(行车道中线或是道路中线)曲率并不一致甚至差别很大，如图1-4a)所示。驾驶员可以通过使用盈余的路幅宽度来选择一个较大的轨迹半径，这样不但可以减小轨迹曲率，降低过弯时的横向不舒适，还可以缩短轨迹长度从而减少过弯时间。为了达到这一目的，曲线行驶的起始位置通常是在ZH点(直线和缓和曲线的连接点)或是ZY点(直线与圆曲线连接点)之前；驶出弯道之后曲线行驶状态也并不是马上结束，而是要继续维持一定的距离。因此实际的轨迹曲率是在弯道中间位置出现峰值，如图1-4b)所示，由于轨迹曲率和速度之间的对应性，速度曲线峰值自然也是出现在弯道中间位置，如图1-4c)所示。但如果是连续弯道，受相邻弯道的影响轨迹曲率峰值位置会有一定的偏离，速度峰值对应的位置也会发生相应的变化。

(4)对车辆性能差异考虑不够

由于货车与小客车在行驶速度上的巨大差异，目前是分类建立V_{85}统计模型，其中小客车模型用于检查和调整平面线形参数，大货车模型用于检验纵断面参数以及爬坡车道/避险车道的设置必要性和设置位置的合理性。分类建模后，小客车和大货车的V_{85}模型有各自的模型系数，但对于同一类车辆来讲，模型系数是统一的，即没有考虑不同型号车辆之间动力性能以及装载特性的分布差异性。

这种参数统一的处理方式对于小客车是合适的，因为小客车的性能参数是在很窄的范围内分布，比如车宽1.6～1.9m，整备质量1.0～2.4t，重心高度40～70cm。对于货车则非常不妥，目前通常将载重10t以上的归类为重载货车，即大货车，10t货物加上自重之后其总轴重15～18t，而我国的路面设计最大总轴重为 55t,考虑到非常普遍的超载现象,70t 左右甚至以上总轴重的大型货车也是常见的。因此,不同轴型大货车之间的动力性能相差悬殊,比如单位质量比功率、单位质量比制动力矩等参数差异极大,即使是同一车辆空载和满载行驶状态的动力性能也存在明显差别,这些差别必将体现在最高行驶速度、爬坡速度、减速度以及加速度上。因此,合理的处理方式显然是建立以载质量或是单位质量比功率为自变量的加/减速度模型和最高行驶速度模型,或是设置一个区间范围让以上参量从中任意取值。

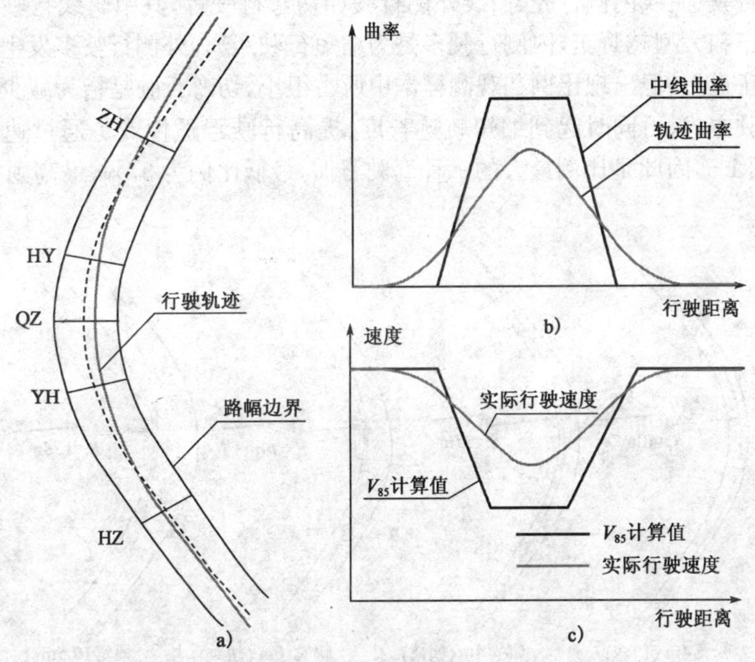

图 1-4　曲线行驶时的轨迹形态以及曲率

(5)对方向控制行为(轨迹特性)考虑不够

目前各国在设计路线时都是先确定道路中轴线位得到中桩坐标,然后确定各个中桩的横断方向,沿横断方向朝左右两侧分别扩展 0.5 倍的路幅宽度,得到一个初步的带状路面,再以道路中轴线或是路边线为转轴将路面旋转到预定的超高率,并确定加宽位置和加宽值,最终得到空间的路面几何形状。设计速度方法在计算行驶车辆的横向力系数时(用以确定非极限半径的超高率以及最大超高率对应的极限最小半径)是将弯道中轴线的曲率半径 R 作为计算参数,即采用了“将公路中轴线假定为汽车驶迹”的设计原则。采用运行速度方法时,虽然将式 $u=V_d^2/(127\cdot R)-i$ 中的 V_d 换成了 V_{85},但仍然保持了将中线半径 R 作为驶迹曲率半径的做法。

但实际上驾驶人是通过对前视轨迹曲率半径的预估来确定前方弯道的行驶速度，而驾驶人气质性格的多样性决定了公路上存在多种不同的方向控制行为。对于车道内居中行驶的操纵习惯，目前的设计原则和假定可能是合适的，但在Spacek P的观测结果中这种“理想”驾驶模式的比例不足2%，笔者在四川省8条双车道公路、4条单车道公路和2条双向4车道公路上的观测结果表明，行车道居中行驶方式的平均比例不足8%，最高也仅为12%左右。其他的驾驶习惯有骑线行驶、曲线内侧行驶、曲线外侧行驶和切弯行驶等，其中骑线行驶一般是重型货车和大型越野车，内侧行驶多是为缩短行驶距离，外侧行驶多发生在视距较差的弯道上，但出现比例在观测样本中所占很小，切弯行驶是指为减少过弯曲率的行驶方式，可同时起到缩短轨迹长度、提高行驶舒适性或是通过速度的效果，见图1-5，因此是比例最大的一种驾驶习惯，最低比例为37%，最高则在70%以上。

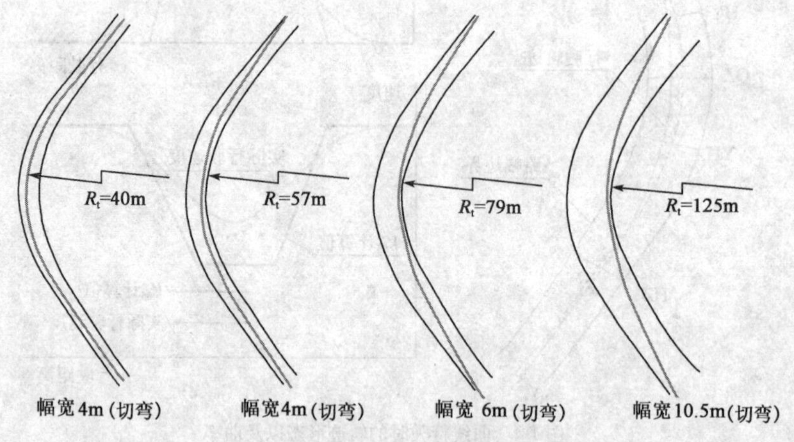

图1-5　轨迹曲率半径与弯道中线半径之间差别

虽然行车道居中行驶是一种合法的驾驶方式，但对于公路设计而言，显然不能因为其合法性就将此种比例最小的驾驶习惯用作设计假定并用其控制线形参数的取值，而应该同时照顾到多种典型的驾驶习惯，并对占主导的驾驶习惯重点考虑。因此，合理的解决办法显然是在设计阶段预测出与典型驾驶习惯对应的轨迹，计算出轨迹的曲率值，然后用轨迹曲率半径计算出期望速度，再用期望速度控制超高率、视距和竖曲线半径的取值。

在图1-5中可以明显感受到用轨迹曲率半径作为线形参数计算依据的优势。目前我国的行车道宽度普遍为3.25～3.75m，加上0.5～1.5m的路肩常用宽度，并考虑到车流量不大时驾驶人有侵占对向车道0.5～1.5m的行车习惯，那么可使用的路幅宽度通常为4.25～6.75m。而小客车宽度一般为1.6～1.9m，大客车和大货车的宽度一般不超过2.6m，因此驾驶人显然有充足的机会在大量富余的路幅宽度内选择将要行驶的轨迹，即期望轨迹。从图1-5中可以看到，对于$\Delta A=30°$，$R=40m$的一组弯道(具有不同的路宽)，驾驶人采用切弯模式时轨迹曲率半径R_t要明显高于弯道设计半径，并且路幅越宽，二者之间的差值越大。因此，对于平曲线占主导的山岭区公路设计以及赛道设计而言，采用轨迹半径作为计算依据显然更符合真实的行驶情况。

1.3　本书的路线设计新方法

正如设计速度方法在面对山岭区公路时所存在的诸多缺陷，促使了运行速度方法的提出和应用一样，本书所提出的"行驶轨迹—行驶速度"协同控制的设计方法也正是为了解决如前文所提到的目前运行速度方法的种种不足，以便能够在设计阶段尽可能体现出公路上真实驾驶行为和行驶特性的影响。

公路路线设计(几何设计)包含平面设计、纵断面设计和横断面设计三项内容，其中平面设计的内涵是调整平面线位确定线形单元的取值，包括平曲线半径、转角、回旋线长度、直线长度、超高率以及曲线路段的视距；横断面设计的任务是车道数、加宽位置/加宽值、路拱形式/路拱度；纵断面设计的内容是调整公路中轴线的设计标高使其满足大型车辆的行驶要求，具体事项包括确定坡度、坡长、竖曲线参数以及爬坡车道/避险车道。基于我们的研究工作包括汽车行驶响应参量数据测量、行驶轨迹决策和行驶速度决策是以小客车和大客车为主，而这两种车型由于动力相对强劲具有较高的加减速性能和行驶速度，对平面线形和横断面要素的变化更敏感，符合国际上的公认设计原则，因此本书的研究工作是围绕开展公路平面线形和横断面设计理论与方法展开。

公路纵断面设计主要是以满足和服务动力性能相对较差的大型货车行驶为目的，但笔者目前尚未获得足够的大型货车在不同类型公路上的行驶响应数据，因此，关于纵面设计以及空间线形设计的内容将在以后的修订版中给出。

1.3.1　新方法的设计思想

在每一种设计方法背后，必然有一种设计思想作为支撑，根据上文对设计速度方法的特点描述以及适用条件分析，我们可以将其设计思想归纳为"假定驾驶人操纵车辆沿道路中轴线行驶，并将车速维持在一个恒定的幅值——设计车速，然后用设计速度来决定道路几何要素的取值”。根据前面的分析和我们在西南地区公路上的测速结果，此种设计思想比较贴近高速环境下的公路行驶特性，因此，适用于位于平缓地形上的高速公路和一级公路设计。

对于穿越起伏地形的低标准高速公路（$V_d \leqslant 80$km/h）和双车道公路，由于行驶特性发生了根本性改变，设计速度方法显然失去了适用环境。而基于“驾驶人操纵车辆沿道路中轴线行驶，根据前方道路的几何线形条件来调整行驶速度（V_{85}），然后用V_{85}决定道路几何要素的取值”设计思想的运行速度方法，由于反映了道路平面曲度对驾驶人速度选择行为的影响，能够在一定程度上适应中低速环境下的公路平面线形设计。

虽然考虑了弯道曲率时对行驶速度的影响，但运行速度设计思想与中低速公路上的行驶特性之间依然存在着非常大的差别。在真实行车情况中，驾驶人对预期行驶速度的选择主要依赖于前视轨迹的曲率特性，而对轨迹曲率起控制作用的是前方道路的整个几何特性，除了弯道半径因素之外还有转角、回旋线、可使用路幅宽度、平曲线长度、弯道偏转方向等要素，并且轨迹形态及其曲率还受到驾驶习惯和车辆特性的影响。为了将这些因素考虑在道路几何设计中，本书新方法采用了“考虑车辆性能和行驶环境的影响，在可使用路幅宽度内决策出与典型方向控制习惯对应的行驶轨迹，根据轨迹曲率在车辆动力性和行驶安全性/舒适性的约束下，决策出与典型速度控制习惯对应的行驶速度，用行驶轨迹和行驶速度控制道路几何要素的取值”的公路平面线形设计思想。

1.3.2　新方法的技术策略

若要将设计思想形成可以直接应用于公路平面设计的技术手段，需要解决两个关键问题：一是在公路初始线位和设计车型给定时，如何在可使用路幅边界、车辆性能和行驶稳定性的约束下预测出典型驾驶模式的行驶轨迹；二是如何根据轨迹曲率数据，在车辆性能以及行驶安全性/舒适性的约束下预测出典型驾驶模式的行驶速度。笔者将在后面的章节中分别阐述车辆行驶轨迹和行驶速度的预测问题，这里先简要介绍本书新方法的实现策略，即如何将行驶轨迹和行驶速度耦合在一起来进行路线设计，以及二者作为一个整体之后表现出来的特性。

笔者采用如图1-6所示的并行计算流程来进行轨迹和速度决策，其中轨迹决策和速度决策互有交叉、相互影响，而这正符合实际的公路行驶过程，比如车辆将要驶进一个视线良好的小半径弯道，驾驶人如果想以一个较高的速度通过，必然会通过调整预期行驶轨迹来获得一个较大的轨迹半径，轨迹半径增大后，由于曲率和侧向力会减小，行驶速度自然会相应的提高。

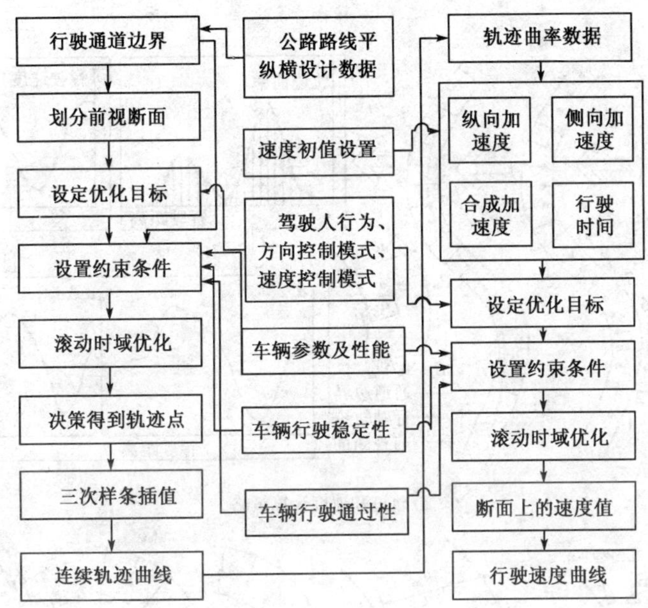

图1-6 行驶轨迹与行驶速度的计算流程

在进行轨迹决策时，笔者设计了“前视断面选点”策略来进行轨迹决策，如图1-7a)所示。按一定间距在车辆前方的可使用路幅内施划与行驶方向垂直的断面作为候选轨迹点的集合，用轨迹点 P_{ti} 在前视断面 $P_{li}P_{ri}$ 上的滑动来模拟驾驶人的轨迹选择行为，比如进弯时相关断面的轨迹点从外侧逐渐滑至内侧可以表示切弯，而一直维持在断面中间不动则可以表示居中行驶，等等。针对断面 $P_{li}P_{ri}$，用比例系数 $S_i\in[0,1]$ 在数学上描述轨迹点 P_{ti} 的运动行为，见图1-7b)，$S_i\to0$ 表示轨迹点朝右侧滑动。由于断面的两个端点可以用解析方法得到，那么在 S_i 确定的情况下，轨迹点 P_{ti} 便可唯一的确定下来，因此，轨迹决策在实质上是变量 $\{S_i|i=1\sim n\}$ 的确定过程。由于 P_{ti} 的变化会使轨迹长度、曲率和横向力系数发生改变，将这些参数包含在优化目标和约束条件中，即可实现对驾驶人轨迹选择行为的模拟计算。

得到前视轨迹后，计算出轨迹点的曲率值 K_i，与轨迹点间距一起形成(L_{ti}，K_i)格式的输入数据。然后在每一个断面上设置一个初始目标速度值 V_i，即决策变量。用 L_{ti} 和 V_i 可以构造出前方任意两相邻断面之间的行驶时间 T_i 和纵向加速度 a_{xi} 的函数表达式，用 K_i 和 V_i 可以构造出侧向加速度 a_{yi} 的函数表达式。将 t_i、a_{xi} 和 a_{yi} 包含在目标函数和约束条件中，并根据选定车型的性能和驾驶人耐受水平来设置取值界限，再进行滚动时域计算，便可预测出选定驾驶习惯的行驶速度。

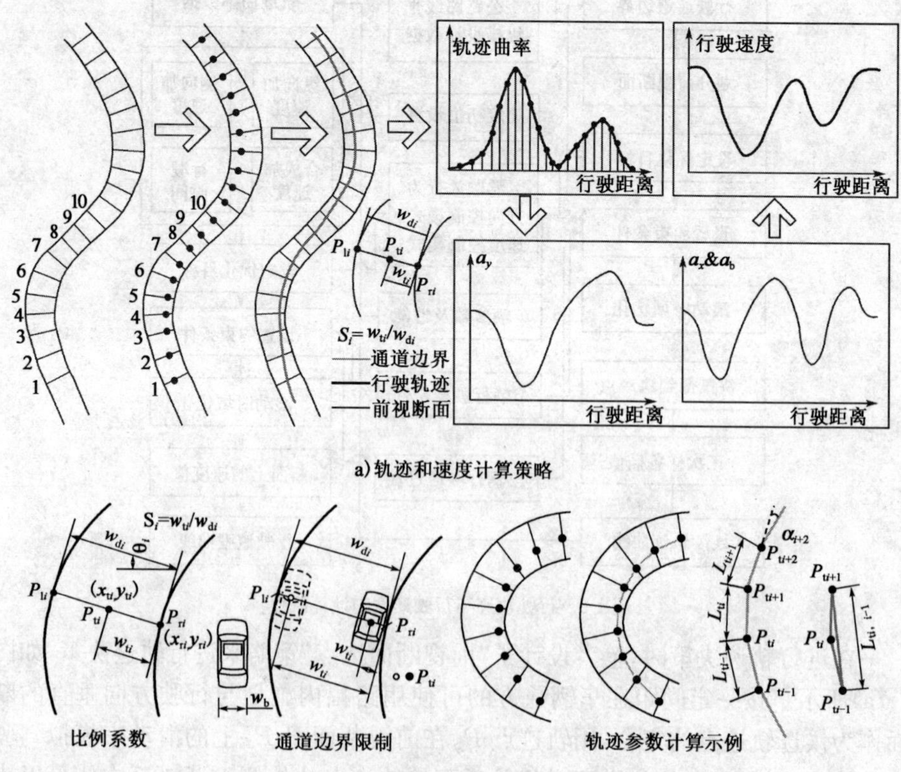

a）轨迹和速度计算策略

b）计算参数含义示例

图 1-7　行驶轨迹与行驶速度计算策略

第2章 各种类型公路的汽车连续行驶速度工况分析

就公路几何设计而言，目前国际上存在两种不同的设计体系：一种是计算行车速度体系（设计车速体系），其核心思想是假定驾驶人在公路上以设计者预先设定的车速来操纵车辆行进，同时假定驾驶人严格地按照公路中心线来控制车辆轨迹；另一种是运行车速体系，其基本理念是驾驶人的速度选择行为是受道路几何条件影响，比如平面线形曲率，所以具有不同半径的曲线路段单元上会有不同的车速。但不管如何，两种方法存在一个共性的、通用的法则，那就是都以速度作为道路几何指标的控制参数来决定平竖曲线半径、视距、坡度、超高等几何要素的取值界限。因此，对公路上的车辆行驶速度进行合理的估计和预判，将决定着公路的设计质量以及建成运营以后的行车安全是否能够得到保证。

但遗憾的是，在目前的设计实践中，设计者自身大都是缺乏不同车型在不同地形条件下各等级公路的驾驶经验，因此很难了解驾驶人在公路上是如何根据行驶环境来控制和调节车辆的行驶速度。同时，现行的公路勘测设计课程和设计规范都没有阐述（哪怕是很小的篇幅）各主要车型在典型路况行驶时的速度变化特征，导致设计者无法了解到地形条件、道路几何线形、路侧环境以及交通组成等因素是如何来影响汽车的连续行驶速度，以及车速是如何在线形指标有差异的相邻路段单元上发生变化。

此外，半个世纪以来国内外的研究者虽然在公路上进行了大量的速度采集，但几乎都是在路段单元上选取观测断面，然后在公路外侧用测速仪器获取汽车驶过断面时的速度，即地点速度，再根据观测值建立运行速度的统计模型。因此，使用运行速度模型也只能预测出特征断面的地点速度值，而非行驶速度的连续变化。并且，模型的自变量只包含很少的公路几何要素比如半径，而其他众多对行驶速度有影响的几何要素则无法得到反映，特别是那些与地形条件和技术等级所联系的几何指标，比如车道宽度、回旋线、弯道偏转方向、平曲线比例、累计坡长、路肩宽度、中央分隔带设置等。

因此,设计者无法准确预见驾驶人在其所设计的道路上以什么样的速度行驶,从而很难选择一个合理的设计速度并以此来控制几何指标值的选取。在此背景下,我们在四川省数十条公路上开展了汽车连续行驶速度测量。四川省的地形地貌构成丰富且复杂多变,既包括川西平原(成都平原)、川中丘陵、高平原,也有大量的崇山峻岭,因此极具代表性。本书所选取的试验公路涵盖了各种技术等级和设计速度,每一次测试的路段长度短则十公里长则近百公里,能够完整地反映出车速的连续变化以及沿线地形条件改变对车速的影响。

本章的研究成果能够帮助设计者对汽车连续行驶速度有一个全局的整体的把握,提高设计速度的选取合理性。与此同时,设计者可以检验汽车是否按照当时所指定的设计速度在他们之前所设计的道路上行驶,实际速度与设计速度之间是否有很大的偏离,以及又是什么样的因素导致这种偏离。此外,本章的成果还可以为两种设计体系的适用性提供判别依据,帮助设计者和规范的制定者认识到在某种地形条件和沿线土地利用情况下是适宜选用设计速度还是适宜选用运行速度方法。本章的价值还在于可以为汽车自动驾驶系统(无人驾驶车辆)的研究人员提供参考,帮助他们了解驾驶人在各种类型的公路上的速度选择行为,使所设计的行驶速度控制算法(决策算法)能够更加符合真实驾驶人的自然行驶特点,从而提供与真人驾驶一致的行驶感受。

2.1 连续行驶速度测量试验设计

我们通过在试验车辆内安装速度测量仪来得到汽车连续行驶速度,同时记录车辆行驶轨迹,测量结束后导出行驶速度和轨迹数据,然后绘制连续的行驶速度曲线和轨迹曲线,再进行深入分析。

2.1.1 试验道路

笔者前后历时2年,在四川省测量了50余条公路的汽车连续行驶速度,这里选取其中17条有代表性的路段进行分析,见表2-1。试验道路的设计速度涵盖了从20km/h到120km/h的全部范围,技术等级从四级一直到高速,地形条件包括平原、微丘、重丘、山岭,车道数从混行的两车道一直到分向行驶的双向六车道。路面宽度最窄为5m,最宽为16.5m,试验道路的测试长度均在15km以上,最长达300km(由于图幅的宽度限制,同时也出于清晰显示的需要,文中给出的行驶里程一般不超过50km)。

试验道路的技术情况　　表 2-1

道路名称	等级	V_d(km/h)	W_R(m)	W_S(m)	中央分隔带	地形	N_L
成灌高速	高速	120	16	3.5	有	川西平原	六车道
成温邛高速	高速	100	15	3	有	川西平原	
怀远—崇州公路	一级	80	14.5	2.5	有	川西平原	
成青金快速通道	一级	80	14	2	有	川西平原	
成彭高速	高速	100	11	2.5	有	川西平原	四车道
S105 彭州—九尺镇	一级	60	16.5	0.75	无	川西平原	
成绵高速 K0～K52	高速	100	11	2.5	有	川中丘陵	
成渝高速成—简段	高速	80	10	2	有	丘陵/山岭	
S106 什邡—彭州段	二级	60	10	1.5	无	川西平原	双车道
S105 什邡界内同心村—元石镇	四级	20	6	0	无	川西平原	
金堂—乐至公路赵镇—淮口段	二级	60	10	1.5	无	丘陵/山岭	
G108 广元界内剑门关—母家窝	二级	40	8	0.5	无	山岭	
G213 望江村—马鞍石段	三级	30	7	0.25	无	山岭	
G108 四川境内普安—梓潼段	二级	40	8	0.5	无	山岭	
G318 龙泉—石经寺段	三级	30	8	0.8	无	山岭	
广元市昭化镇—大朝乡公路	四级	20	6	0	无	山岭	

注：V_d 为设计速度；W_R 为路面宽度（含路肩），当试验道路设置中间分隔带时，此值为单个行驶方向的路面宽度，未设分隔带时，此值为整幅路面宽度；W_S 为硬路肩宽度，设置分隔带时此值为右侧硬路肩宽度；N_L 为车道数。

2.1.2　试验车型

通过观察数十条公路的交通组成发现，小客车、大客车和货车是三种比重最大的车型，三者之和占了 92%～95%的比重，其中小客车在非工作日比重可以达到 80%，即使在工作日也可以达到 60%以上，因此是排在首位的主导车型。以轴型和载重为标准，货车可以分成很多子类，根据笔者的观测，其分类数至少应该在 6 种以上，但目前笔者尚未取得足够的货车样本数据，因此不同类型货车的行驶速度将在本书以后的修订版中给出。

本章给出的是小客车和大客车的速度实测结果，其中小客车是指 4 排以下座位（含 4 排）的客用车辆，包括三厢/两厢小轿车、SUV、越野车、皮卡车、微型面包车等，大客车是指座位数 30 以上的客用车辆，包括营运车辆和非营运的公用车辆。

2.1.3 试验仪器

使用两种测速仪器来获取汽车行驶速度:一种是非接触式激光测速仪,主要用于测量小客车的连续速度,试验开始前安装在车尾,为了避免影响驾驶员的速度选择行为,在乘车之前如驾驶员询问,告之该仪器是用于路面破损检测而非测速,并且可以任意速度行驶;另一种是高精度的手持式双频 GPS,0.5s 更新一次实时位置坐标,对位置坐标进行差分即可得到连续行驶速度数据,同时将 GPS 测取的位置坐标逐点进行连接,还可以得到汽车的行驶轨迹。

2.1.4 试验驾驶员

当试验车辆为大客车时,试验驾驶员为运输公司的职业驾驶员,测速人员以普通乘客的身份买票搭乘。小客车的驾驶员包含以下几种:第一种是职业的出租车驾驶员;第二种是使用自购车辆进行拉客运输并以此作为谋生手段的"野的"驾驶员,他们虽未办理运输和交通管理部门的营运牌照,但实际上此类驾驶员在公路上的比重非常大(特别是乡村公路),因此必须加以考虑;第三种是私家车驾驶员,与前两种相比,其行驶里程短、驾驶技术较为逊色,但由于近些年来私家车数量的急速膨胀,也需重点考虑。表 2-2 是试验驾驶员的一些特征数据。

试验驾驶员的基本特性　　表 2-2

驾驶员类型	人数	男性	女性	年龄分布	平均年龄	驾龄分布	平均驾龄
大客车驾驶员	26	24	2	29～55	41	5～20	15
出租车驾驶员	11	9	2	23～49	34	3～21	13
"野的"驾驶员	31	31	0	25～46	36	2～15	8
私家车驾驶员	12	7	5	26～53	33	1～22	4

2.1.5 试验方法

对于每一条公路均测速 2～4 次。测试次数的设定原则是,对于每一条道路首先进行两次测试,然后比较这两次的试验结果,如果两条速度曲线具有相近的变化趋势,则不再进行第三次测试,如果差别很大则再进行第三次测试,然后再进行比较,直到满足两条速度曲线变化趋势相近这一原则。一般情况下 4 次测试足以满足要求。在得到全部的数据曲线后选取典型的一条进行分析。是否具有典型的判断依据是:其一,具有较高的速度幅值;其二,至少还有一条速度曲线的变化趋势与其相同。

2.2　六车道公路的速度特性

图 2-1 是位于川西平原上的成灌高速和成温邛高速成都—崇州段，两条公路的设计速度分别为 120km/h 和 100km/h，都是双向六车道，线形非常舒缓，行驶环境良好。成灌高速所测试的大客车座位数为 47 座，成温邛高速测试的大客车座位数为 40 座。根据速度曲线，我们发现像大客车驾驶员这种行车经验丰富、驾驶技术熟练且熟知道路环境的职业驾驶人所表现出的速度选择行为具有较高的一致性，即都倾向于把车速维持在一个恒定的幅值上。比如成灌高速的巡航速度为 95km/h，成崇高速的巡航速度为 90km/h。并且，驾驶人能够达到巡航速度的路段比例非常高，比如成灌高速在两个收费站之间 30 余公里的路段

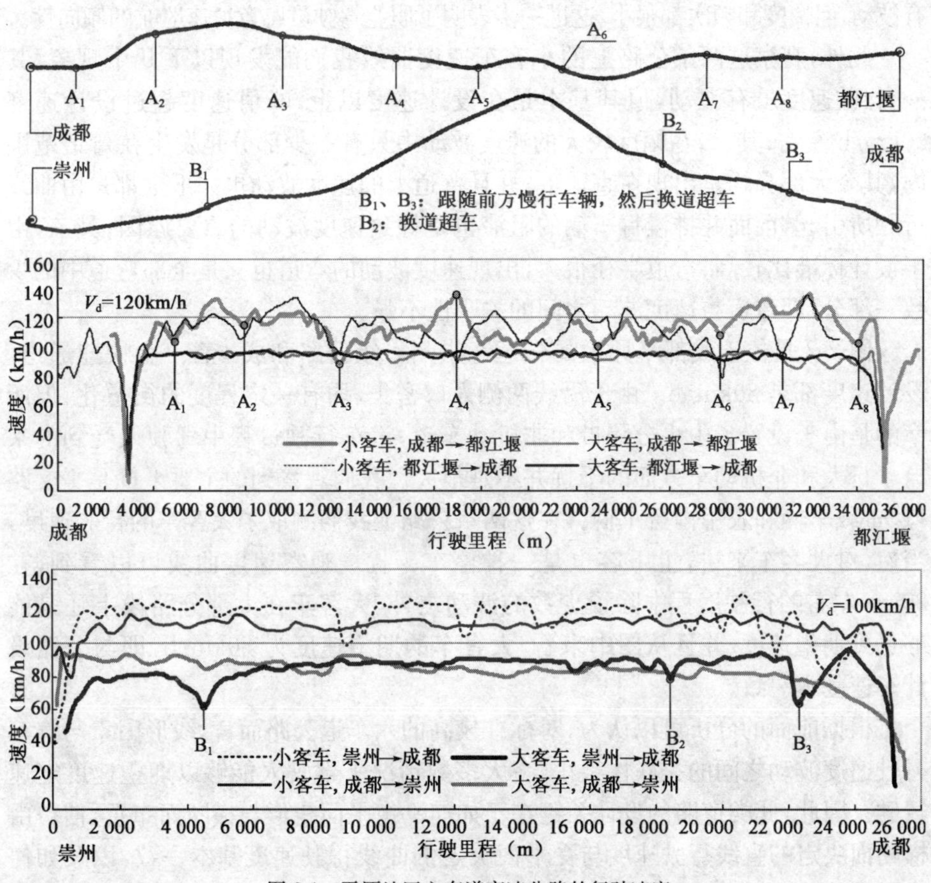

图 2-1　平原地区六车道高速公路的行驶速度

上几乎都是以巡航速度行驶,成崇高速崇州至成都方向的汽车行驶速度虽有波动但仅有3处。在测速过程中我们观察到,由于同一行驶方向有3个行车道和一个2~2.5m宽度的右侧硬路肩,虽然降低了慢行重载货车并排行驶的出现概率,但大客车遇到此情况时仍需换道避让,而大客车驾驶人娴熟的操作技巧(比如有计划的提前换道)保证了在避让过程中仍能维持巡航速度。同时,在这两条高速公路上,大客车的巡航速度要略低于公路的设计车速。

成灌高速的试验小客车是私家车,由非职业驾驶员所驾驶;成崇高速的试验小客车则是成都市金沙客运站开辟的"轿的"(限载5人,含驾驶员),为经过培训持证上岗的职业驾驶员所驾驶。将二者相比较我们发现私家车驾驶员的车速波动更加显著,其最高速度可以达到140km/h左右,但最低速度也很低,比如在个别位置甚至会低于大客车行驶速度。相比之下,职业驾驶员驾驶小客车时行驶速度虽有波动,但幅度和频次都很小,这进一步表明了职业驾驶员愿意恒速巡航的倾向性。

此外,观察这两条公路上的小客车速度曲线我们能发现以下几个现象:其一,行驶速度虽有波动,但其基本是在设计速度以上,峰值速度超过设计速度20km/h左右;其二,在幅度较大的速度波动中只有一少部分是发生在弯道范围内,其余大部分均是出现在直道上,并且弯道上的速度波动也并不全都是由曲线行驶所引起,前面并排慢行车辆的阻滞也是导致速度波动的重要原因;其三,由于设计标准比较高、弯道半径很大,出现速度波动的弯道也只是全部弯道中的少数一部分,即弯道与速度波动之间的关联性不强。

图2-2是位于成都平原上的怀远—崇州一级公路和成—青—金快速通道,设计速度都是80km/h。由于沿线两侧人口密集,均有一定程度的街道化,但所幸的是由于设置了中央分隔带和非机动车道,汽车行驶过程中驾驶人受到的来自于行人和非机动车方面的干扰并不是很大。我们观察到的主要干扰是平交路口、重载车辆和农用慢行车辆。在这两条公路上我们测取了大客车的行驶速度,当然,对大客车来讲,上下客也是一种停车干扰。观察速度曲线可以看到,在20km左右的行驶里程中除了少数的波动之外,大客车在大部分路段上还是能够达到期望速度,并且从图中来看,大客车的期望速度为80km/h,即与公路设计车速基本一致。

根据前面的分析可以认为,对标准较高的六车道公路而言,线形因素与汽车行驶速度波动之间的关联性很小,在大多数情况下驾驶人能够以期望速度定速行驶。因此,此类道路的设计关键在于如何平衡平面线形与横断面布置,使得由横断面决定的直线行驶速度与受平面决定的曲线行驶速度基本一致,以及如何设置参数值来平衡不同车型的行驶需求。同时,这些速度曲线表明目前我们使用的设计速度方法对于平缓地形上的六车道高速公路和一级公路设计是适用的，所确定的道路几何要素能够为汽车驾驶员提供均衡、一致的行驶环境。

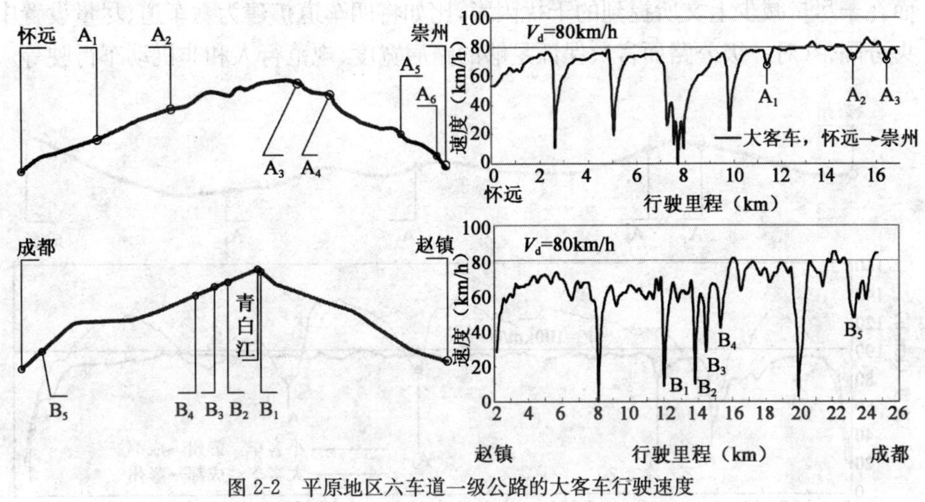

图 2-2　平原地区六车道一级公路的大客车行驶速度

2.3　四车道公路的速度特性

图 2-3 是川西平原上的两条四车道公路，第一条是成彭高速，第二条是 S105 彭州市天彭镇至九尺镇段（未封闭且未设中间带的一级公路），都是双向四车道。其中成彭高速是汽车专用公路，线形舒缓，没有非机动车和行人干扰，大客车基本能够以期望速度恒速行驶，仅有的两处波动（A_1 和 A_2）是由前方并排的慢行车辆所引起。由于同一个行驶方向上只有两个车道，当一个较慢的车辆超越另一个更慢的车辆时，会对后面的快速车辆造成严重的阻滞，迫使快速车辆必须等到慢行车辆之间的超车过程完成时，才有机会超车并恢复原来的速度。从图中来看，小客车的波动频次要高于大客车，这是由于小客车的速度更快，更容易追上前方慢行车辆（并排行驶的大型重载货车），因此被阻滞的几率更大。

根据省道 S105 的速度曲线，我们发现这种未设中央分隔带且又街道化严重的四车道一级公路，由于时常受到干扰，汽车高速行驶的可能性很小。我们观察到，对行车产生干扰的因素主要包括：①路边的停车；②路边的行人和骑行的非机动车；③横穿马路的行人和非机动车；④低速行驶的各种农用车和三轮车；⑤从两侧民宅和单位中横向驶入公路的各种车辆；⑥平交路口。

对比观察这两条公路的平面线形和行驶速度，我们仍未发现弯道曲率和速度波动之间的关联性。因此，若要提高驾驶人在平缓地形四车道公路上的行驶舒适性，减少其速度变换操作，有意义的设计策略或改善措施不在于如何优化线形，而在于尽量减少上文所提到的干扰因素，比如将四车道扩建为六车道、尽量设置中央分隔带（对一级公路而言）、保证足够的路肩宽度、规范行人和非机动车行驶等。

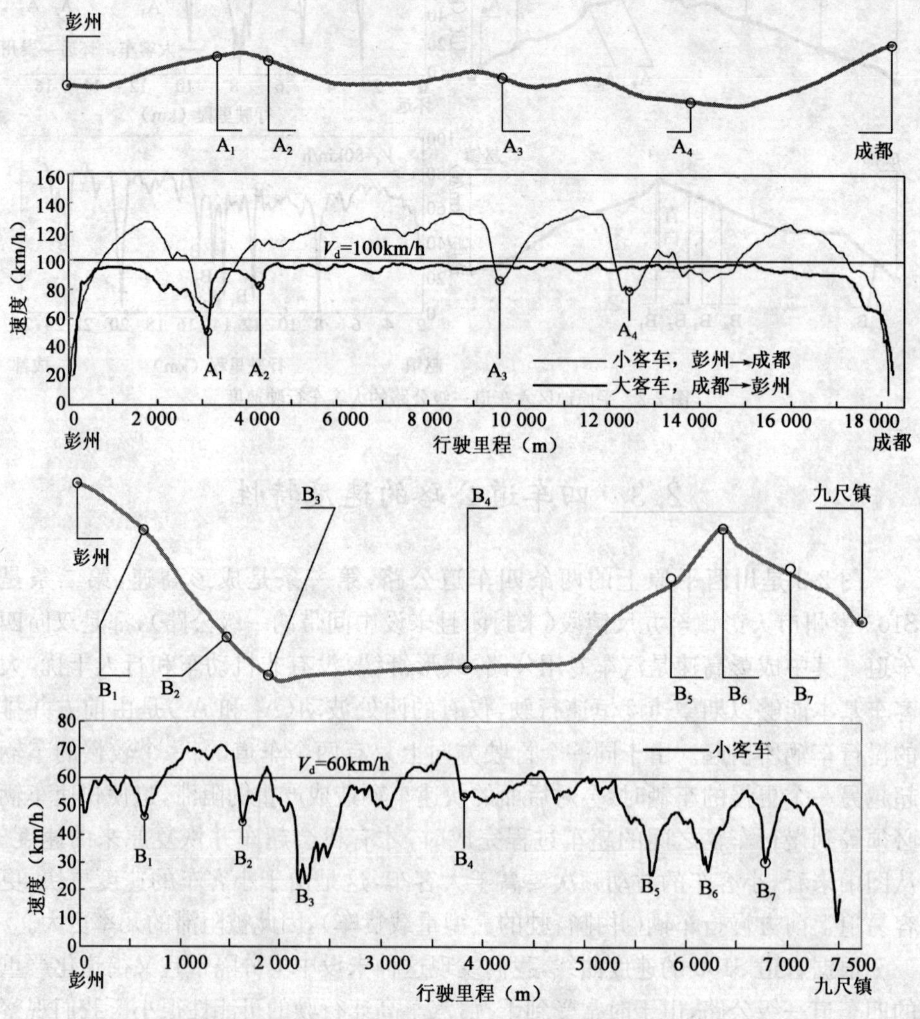

图 2-3 平原地区四车道公路上的汽车行驶速度

图 2-4 中的公路是成绵高速 K0～K52 段，微丘地形，双向四车道。所测试的是 55 座大客车以及无照运营的“野的”小客车。观察大客车的速度曲线能看到，成绵高速行驶速度的波动要比前面的成彭高速更频繁，这是由于成绵高速作

为干线公路 G5 的一个组成路段，其交通量更大，同时重载货车比例很高，因此，在行驶过程中更容易受到慢行重载货车的阻碍。尽管如此，还是能看到大客车的行驶速度有明显的向期望速度靠近的倾向，即 100km/h（该公路的设计速度）。但与前文的平原地形上的六车道和四车道公路相比，驾驶人只能在局部的位置点把速度调至期望速度附近，并且其次数也是限的，在大多数位置其行驶速度都低于期望速度。

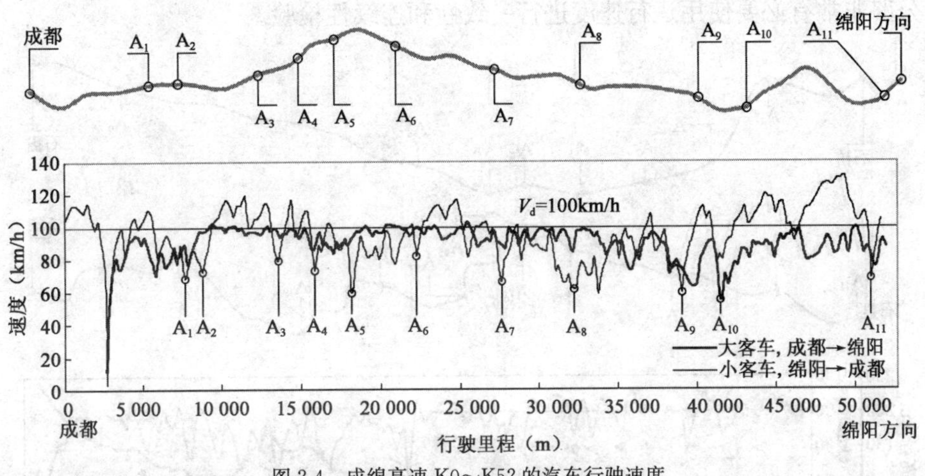

图 2-4　成绵高速 K0～K52 的汽车行驶速度

观察小客车的速度曲线我们能看到其波动幅度更加显著，最低 60km/h，最高 130km/h，同时其波动频次也更高。与成温邛高速的职业小客车驾驶员相比，“野的”驾驶员并没有表现出维持恒速行驶的欲望。在行驶过程中我们发现引起小客车速度波动的因素除了前方并排行驶的慢行车辆之外，还有一部分是平面线形的变化所致，如图中的 A_4、A_7、A_{10} 等，这表明微丘地形条件下的四车道高速公路线形已经能够对小客车驾驶人的速度选择行为产生影响，但综合这两个因素而言，还是慢行车辆的干扰成分更大，是主导因素，因此，实施运行速度评价的意义不是很明显。而如果将四车道改为六车道，则可以显著提高行驶质量并减轻驾驶人的速度控制负荷，因为这样一来快速车辆在追上慢行车辆时能够很容易换道超车，而不是被阻滞。

图 2-5 是我国最早一批建成通车的高速公路之一——成渝高速成简段，双向四车道，设计速度 80km/h。根据所穿越的地形，将其划分为两个子段，其中石盘—毛家段跨越龙泉山主脉，坡度大、线形复杂。分别测量了 45 座大客车和私家小客车的行驶速度。观察每处速度低点发生位置的线形特征，我们发现较大的速度波动几乎都是由弯道所引起，并且弯道半径越小、转角越大，车辆进弯

时的速度降幅越大。石桥—石盘段的线形与石盘—毛家段相比相对平缓,因此不管是大客车还是小客车前者的速度都要高于后者,并且其波动也没那么剧烈。虽然都采用了 80km/h 的设计速度,但第二段两种车型的最低速度都低于70km/h,因此,可以认为该段的线形指标没有达到驾驶人以 80km/h 控制车速时的心理预期,似乎与 70km/h 的设计标准更加匹配,而前一段更加符合90km/h设计标准的速度表现。由于速度波动很大,此类标准较低的山岭区高速公路非常有必要使用运行速度进行一致性和连续性检验。

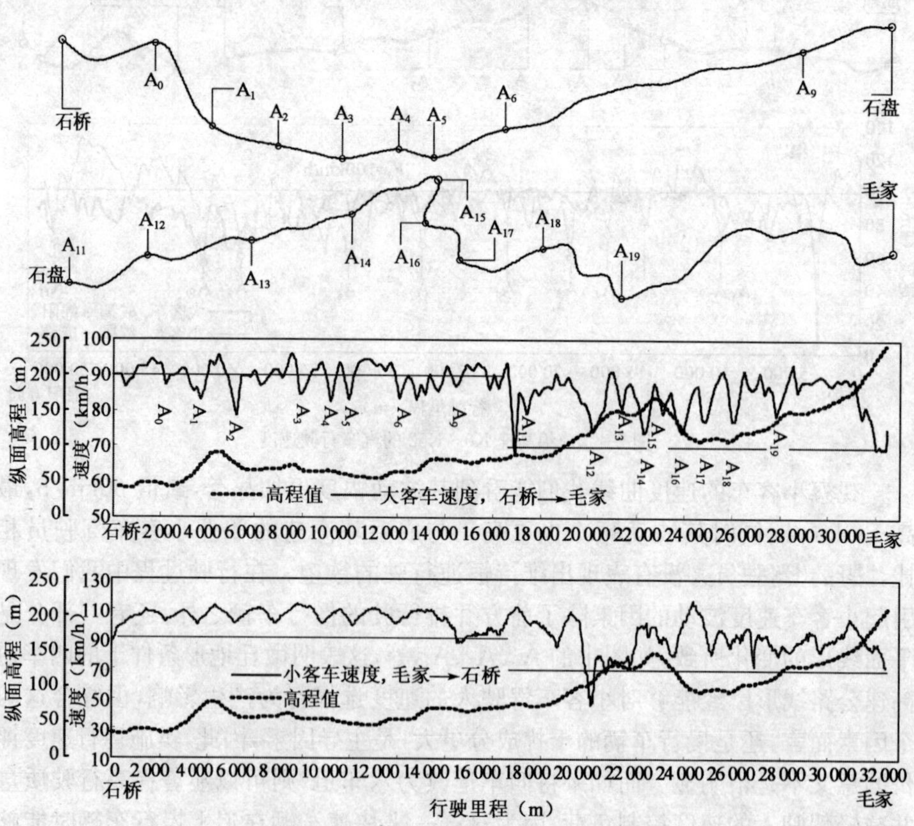

图 2-5　成渝高速公路上的汽车行驶速度

2.4　双车道公路的速度特性

近年来,高速公路和一级公路的通车里程虽然大幅增加,但在等级公路中所占的比重仍然还很低,而双车道公路在等级公路中的比重则远远高于高速公路和一级公路。近段时间以来，我国发生在双车道公路上的运营车辆群死群伤事故十分频繁，特别是在多个地方发生了校车驶离路面的事故，造成了极为严重的社会后果和非常恶劣的社会影响，因此，我们必须重新审视我们一直以来所使用的双车道公路设计方法和检验手段。本书给出了各种地形条件下的双车道公路汽车行驶速度实测曲线，公路设计者们可以借此判断公路运行状况是否达到了最初的设计预期，是否发生了很大的偏离，以及如何进行改进。

2.4.1　平缓地形双车道公路的行驶速度

图 2-6 是成都平原上的省道 S105 什邡界内元石镇—什邡段，设计车速 60km/h，路面总宽 10.5m～11m，线形条件良好，但有一定程度的街道化。图中给出的是小客车的速度曲线，为经过岗前培训的出租车驾驶员所驾驶。对比行驶轨迹与行驶速度能看到，图中标注的几处明显的速度波动都是发生在直道上，即这种波动不是由线形变化所引起，试验路段的最高行驶速度在 80～85km/h 之间，且只能是瞬间达到该值。

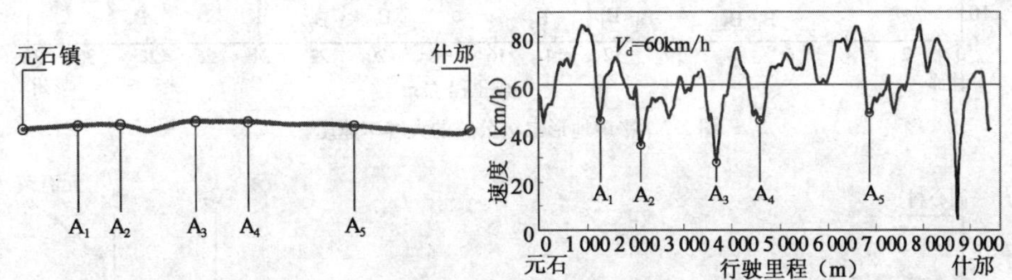

图 2-6　平缓地形二级公路的小客车速度

图 2-7 中的 S106 的技术标准与 S105 基本相同，这里我们测量了 37 座大客车的行驶速度。从图中我们能看到只有非常少的弯道，其出现是与速度波动直接相关的，比如 B_1、B_3、B_5 等，而其他的波动都是由于各种干扰所引起，比如重载车辆、慢行农用车、停在路边的汽车和农用机具、横穿马路的行人和非机动车以及路侧的行人和非机动车等。尽管如此，从速度曲线中能看到像大客车驾驶员这种职业驾驶人在行驶时仍明显表现出了将车速靠近期望速度的愿望，并且期望速度为公路的设计速度。

图 2-8 是 S105 在什邡界内的一段技术标准为四级的路段，设计车速 20km/h。由于标准很低，路线在行驶方向改变的位置形成了明显的折点。我们测试了小客车的行驶速度，类型为私家车。行驶速度在折点位置（比如 C_5、C_6、C_8、C_9）有明显的下降。此外，由于路面狭窄，且沿途分布有一定数量的民宅，停在路边销售蔬菜

和水果的三轮车和农用车是影响驾驶员行车的一个主要干扰。试验路段的最高速度超过了 60km/h，是设计车速的两倍之多，因此，对于此类技术标准非常低的公路而言，教科书和规范中所假定的“驾驶人以设计车速恒速行驶”模式根本不存在。

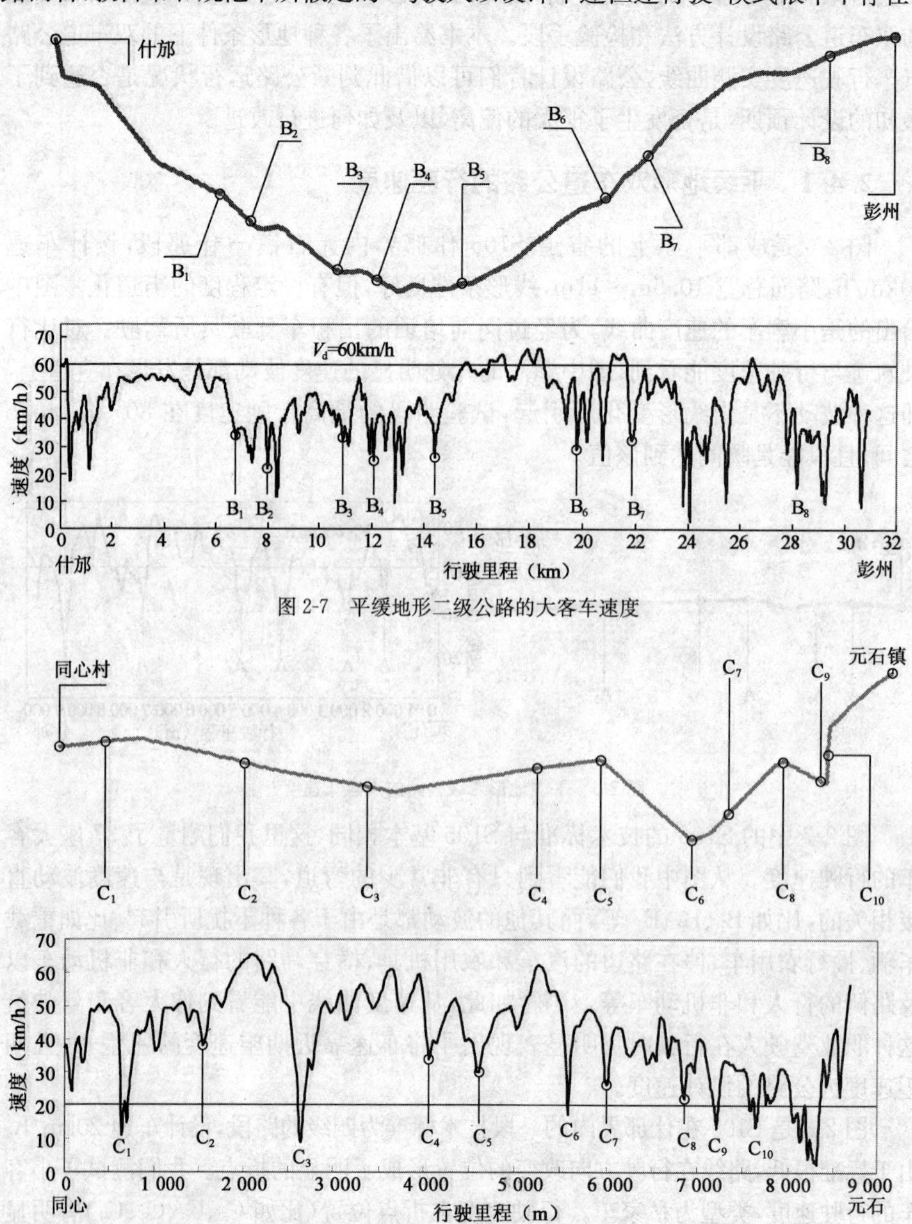

图 2-7　平缓地形二级公路的大客车速度

图 2-8　平缓地形四级公路的小客车速度

根据前面 3 条公路的测试结果，我们认为对平原地区的双车道公路而言，线形因素仅是造成速度波动的次要因素。由于土地利用率高，公路两侧的村镇比较密集，存在不同程度的街道化现象，由此产生的各种干扰使得驾驶员特别是小客车驾驶员难以维持较高幅值的恒速行驶，速度因此频繁波动。如果能够消除或者减弱街道化所带来的影响，那么行驶速度的连续性将会得到提高，从而减轻驾驶员的工作负荷。此外，实测结果表明路面幅宽和路肩宽度是影响平原地区公路行驶速度的重要因素，特别是直线路段在无其他因素干扰时，其稳定速度主要由路面幅宽决定。

2.4.2　起伏地形双车道公路的行驶速度

图 2-9 是位于成都东北部的金堂—乐至二级公路赵镇—淮口段，设计车速 60km/h，该路段地处龙泉山余脉，伴于沱江右侧蜿蜒而下，线形指标总体上比较舒缓。我们测量了 3 辆出租车的连续行驶速度，图中给出的是速度幅值较高的一个测试结果。通过对比速度曲线的波动特征与试验路段的平面线形，我们能看到尽管设计标准较高，但几何线形因素开始明显影响到驾驶员的速度选择行为——图中所标注速度波动的大部分都与线形变化直接相关。

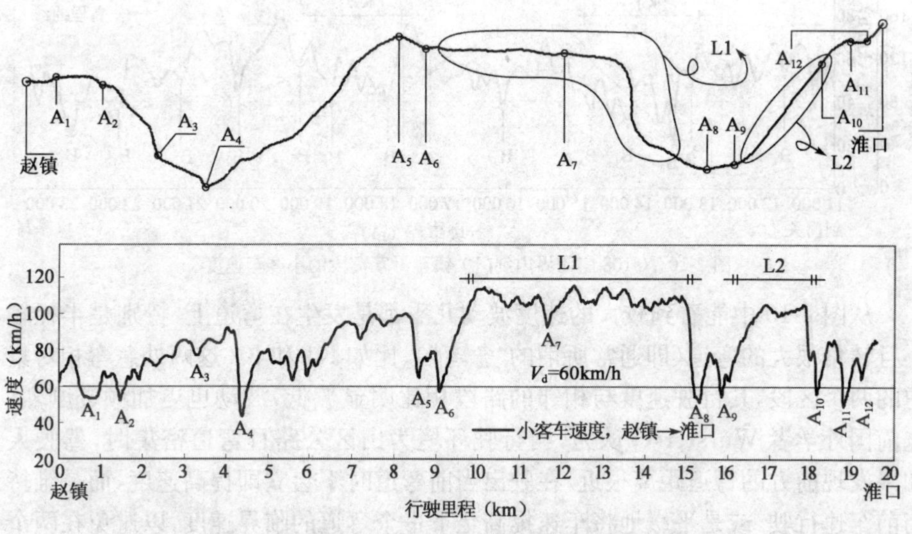

图 2-9　金堂至乐至公路赵镇—淮口段的小客车速度

该条公路车流量稀少，街道化程度很低，因此在线形良好的区段驾驶人可以选择很高的行驶速度，比如图中标注的 L1 和 L2，车速高达 112km/h，并且基本维持恒定，这与国外文献给出的双车道公路最高行驶速度的观测结果一致

(100～110km/h)。小客车在该公路的最低速度值为 42km/h 左右，比设计车速低约 30%。同时，相邻线元之间的速差非常大，比如 A_4、A_5、A_8、A_{11} 等位置的速差超过 40km/h。

图 2-10 是 G108 广元界内剑门关镇至母家窝段，剑门关以内为四川盆地，关外则是 800 里秦川(陕境)。为了顺适多变的山岭地形，公路平面曲率变化丰富、线形组合非常复杂，并且由于该路段是越岭线，纵面高差起伏非常大。在此路段上我们测试了无照运输小客车的行驶速度(“野的”)。由于是在崇山峻岭中穿行，沿线两侧只有零星出现的农宅，全程基本为自由行驶，行车干扰极少，因此速度的波动几乎都是由公路几何线形的改变所引起。

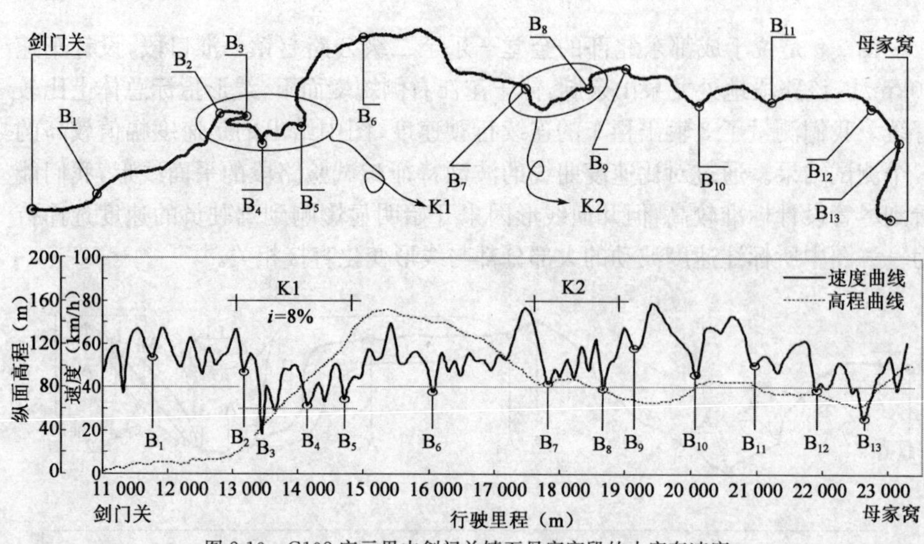

图 2-10　G108 广元界内剑门关镇至母家窝段的小客车速度

从图 2-10 中能看到较大的速度波动几乎都是发生在弯道上，特别是半径较小且转角很大的弯道(即通常所谓的“急弯”)，比如 K1 和 K2 这两处急弯相对集中的两个区段，其行驶速度与相邻的路段相比明显偏低，波动也更加频繁剧烈。先前国外学者 Wurster U 认为，当行驶环境为山区公路且弯道密集时，驾驶人如果发现前方的弯道距离很近，在驶出当前弯道时不会立即提高速度，而是维持当前车速行驶，或是平缓地将车速提高至下一个弯道的临界速度，以避免在两个弯道之间形成速度尖峰，如图 2-11 所示。但事实显然并非如此，K1 段共 11 个弯道，平均弯道间距不足 140m，K2 段的平均弯道间距也不足 150m，而相邻弯道之间都出现了明显的速度尖峰，这表明驾驶人在车辆稀少的山区公路上行驶时，加速出弯的愿望是非常迫切的，即使前方弯道即将迫近亦是如此。在后续的四条试验公路上，这种现象也是无一例外的存在。

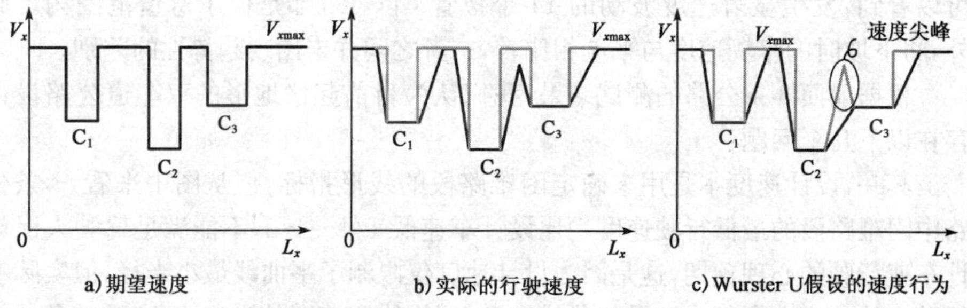

图 2-11　驾驶员的速度控制行为

图 2-12 是四川省都江堰市—汶川县映秀镇公路的马腰岗至映秀段，设计速度 30km/h，典型的越岭线，坡陡弯急(前 6km 下坡的平均坡度为 5%)，平面曲率变化与前面的 G108 相比更加剧烈。图中给出的速度曲线是一辆捷达出租车的测试结果，我们能看到路段的最高速度在 70km/h 左右，在整个行程中行驶速度有多次向该值靠近，因此似乎可以认为这条路段的环境速度(也称期望速度)为 70km/h。此外，该路的最低行驶速度为 22km/h，比设计车速低 30%左右。

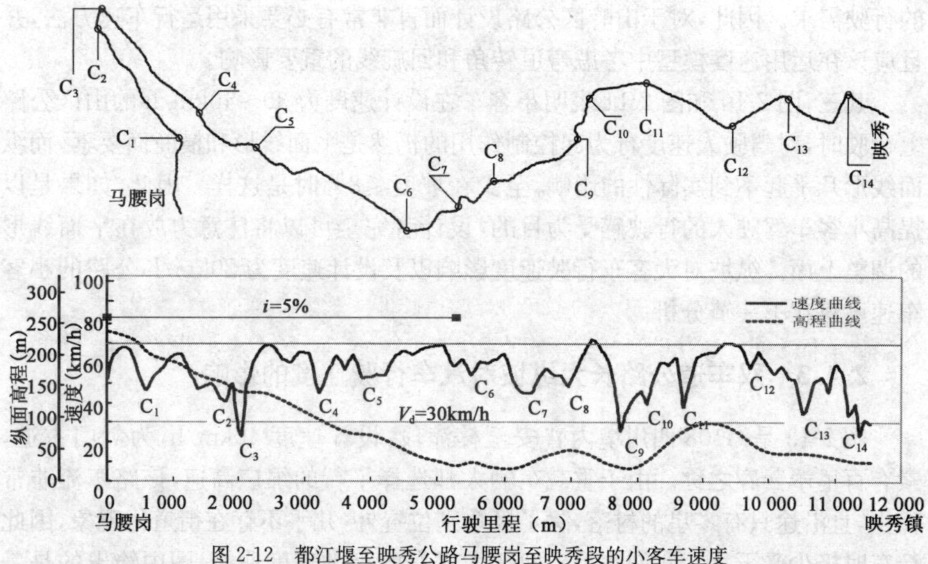

图 2-12　都江堰至映秀公路马腰岗至映秀段的小客车速度

由于速度测试是在已经连续数日的降雨刚刚结束后进行，路侧的挡墙和边坡非常不稳定，当地交通和旅游部门已经分别发出危险预警，公路上不仅没有行人和非机动车，迎面驶来的车辆也是寥寥无几，试验车是在没有受到任何外部干扰的环境下行进的，因此驾驶人完全是根据公路线形来调节行驶速度。从图中可以看到，发生显著速度波动的 14 个位置 C_1～C_{14} 都是位于弯道范围内。此外，将下坡时的车辆速度与平坡相比较，二者之间并未出现趋势性的差别。

根据前面 3 条公路的测试结果，我们认为目前起伏地形的双车道公路设计存在以下几个问题：

其一，设计速度本是用来确定困难路段的线形指标，但从图中来看，3 条公路中困难路段的最低行驶速度均比设计车速低 1/4～1/3，不能满足驾驶人以设计车速行驶的心理预期，这是因为设计速度仅限制了平曲线最小半径，但实际上驾驶人的速度选择行为还受到曲线转角、回旋线和路宽的影响，而弯道转角的影响尤其明显，转角越大弯道对轨迹的约束作用越强，驾驶人很难通过调整轨迹位置来获得一个较大的轨迹半径从而提高行驶速度。另外，转角越大，驾驶人操纵车辆跟踪目标路径的难度也将增加，因此会选择较低的行驶速度。所以，速度较低的弯道比如 A_4、A_{11}、B_2、B_3、B_4、B_5、B_8、B_{10}、C_3、C_9 和 C_{13} 等都是大转角曲线。

其二，除了个别的困难路段之外，实际行驶速度与设计速度之间的偏差非常显著，这表明当公路穿越山岭时设计者很难为驾驶人提供一个与所选择设计速度相匹配的行驶环境，用设计速度算得的超高和视距等几何要素无法满足实际的行驶需求。因此，对于山岭区公路设计而言非常有必要采用运行车速方法，并且应该在运用速度模型中考虑弯道转角和回旋线的重要影响。

其三，图 2-10 和图 2-11 表明小客车在设计速度为 30～40km/h 的山区公路上行驶时，对驾驶人速度行为起控制作用的仍然是平面线形和横断面要素，而纵面线形几乎起不到实际性的影响，至少在坡度≤8%时是这样。因此，如果是以提高小客车驾驶人的行驶感受为目的，设计者完全可以将注意力放在平面线形的调整上面。纵坡对大客车行驶速度影响以及设计速度为 20km/h 公路的小客车速度将在下一节分析。

2.4.3　双车道公路长大纵坡对汽车行驶速度的影响

图 2-13 是 G108 四川境内普安至梓潼段，设计速度 40km/h，为剑门古道，素有百里翠云廊之称。由于重载车辆大都选择平行的绵广高速，该路车流非常稀少，且沿途只有零星的村落，除了极个别位置外，几乎不存在街道化现象，因此行车时极少受干扰。我们测量了两辆大客车的行驶速度曲线，图中给出的是其中一辆 51 座大客车的测试结果。根据图中同时给出的道路高程曲线可以看到车辆在 36km 的长度内先后经历了两次上坡行驶(K1，长 7.46km 平均坡度 4.05%；K3，长 6.9km 平均坡度 5.75%)和两次下坡行驶(K2，长 11km 平均坡度 3.2%；

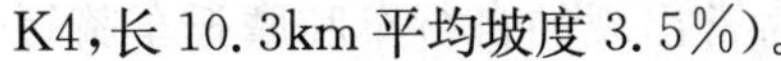

K4,长 10.3km 平均坡度 3.5%)。

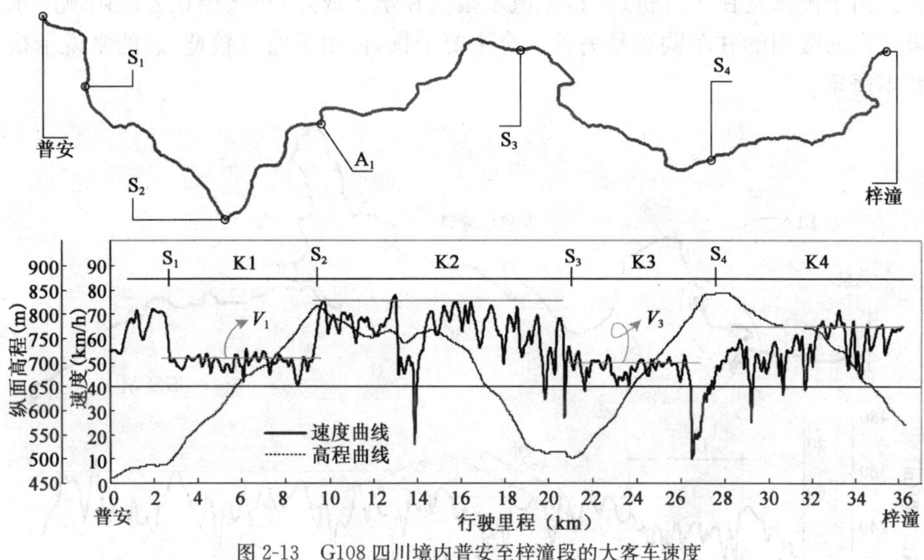

图 2-13　G108 四川境内普安至梓潼段的大客车速度

观察大客车在两个上坡路段的速度变化,能够发现 K1 段的稳定爬坡速度约为 52.5km/h,K3 段约为 50km/h,均大于设计车速。这两个路段坡度值已经接近技术标准的上限,因此可以认为目前设计规范给出的坡度使用范围能够满足大客车以设计车速爬坡时的行驶要求。但同时能看到,K1 和 K3 这两个路段的速度并不是平直的,而是在爬坡速度附近小幅震荡,这是因为频繁出现的弯道会给爬坡车辆造成干扰,车辆进弯时由于会消耗额外的功率来克服逐渐增加的侧向加速度和横摆角速度,速度会有所下降,从而产生轻微的波动。

再来看大客车下坡时的速度变化,在 K2 范围内行驶速度发生了 20 余次波动,从图中能看到每一次波动的谷值各不相同,但峰值却大致接近,即 76km/h 左右,因此似乎可以将其看作为这一区段上的期望速度,类似地,我们能判断 K4 上的期望速度大致为 66km/h。因此,大客车在两个下坡路段的行驶速度明显高于上坡行驶,这种特性是明显区别于小客车的(见图 2-10 和图 2-12),究其原因,我们认为是载质量的巨大差异所导致的大客车单位质量比功率明显低于小客车所致,因此爬坡加速时的动力储备与小客车相比严重不足。

图 2-14 是中国著名景观大道——318 国道成都市龙泉驿界区内的龙泉—石经寺段,蜿蜒展线 17 余公里来翻越龙泉山主峰,其中上坡路段 8km,平均坡度 5%,下坡路段 9km,平均坡度 4.45%。此条公路上的交通量很低,沿途山青水

碧、景色优美，行驶时的一个主要干扰来自于时常出现的自行车和摩托车骑行者。由于测试是在7月份进行，正值水蜜桃和李子成熟，村民摆在公路两侧的水果摊点所吸引的驻车购买是另外一个主要干扰，但由于路肩较宽，总的来说干扰并不严重。

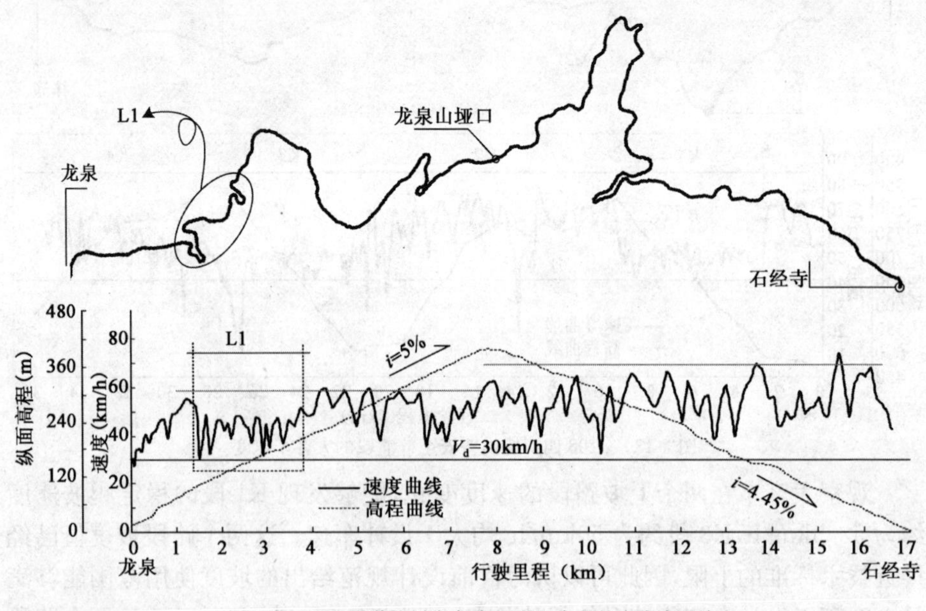

图 2-14　G318 国道四川省龙泉—石经寺段的大客车速度

图中给出的是一辆39座大客车的速度曲线，在上坡路段我们没能看到像图2-13中K1和K3那样的非常明显的爬坡速度，这可能是由于平曲线所控制的临界安全速度低于爬坡速度所致，比如L1段的复杂线形致使该段的行驶速度总体偏低且波动频繁。但观察整个上坡路段的速度波动，我们发现大多数波动的峰值速度都是60km/h，由于爬坡速度是车辆在上坡路段上的最高稳定速度，因此，可以认为60km/h是爬坡速度。再观察下坡路段的行驶速度，能看到下坡时的最低速度是在30km/h左右，与上坡时的情况基本相同，但最高速度则比上坡时要高很多，平均约72km/h。

此外，在图中我们并未观察到行驶速度在上坡路段的下降趋势，也未观察到速度在下坡路段上的趋势性上升，即本例的长大纵坡并未给试验大客车的行驶速度造成趋势性影响。这是因为密布的弯道造成行驶速度在局部范围内的频繁波动，车辆进弯时驾驶人必须将速度降低到弯道安全容许速度 V_C 之下，而 V_C 要比爬坡速度低很多，使得车辆上坡时的速度衰减无从体现；另一方面，频繁的进弯减速也抑制了下坡时驾驶人的加速意愿。因此，像这种有连续长大纵坡出现的山区复杂公路，应付行驶方向变化的方向操作以及为安全驶过弯道而发生的速度控制操作依然是驾驶人的主要任务。

图 2-15 是四川省广元市昭化镇至大朝乡公路，四级技术标准，双车道，设计速度为 20km/h，是典型的越岭线。汽车要在平均坡度接近 8.35% 的纵坡上连续行驶 13km 才爬上牛头山山顶，然后一直行驶在山脊上。由于是乡镇公路，交通量极低且沿线两侧人烟稀少，行驶过程中除了偶尔驶过的对向车辆外几乎没有任何干扰，因此速度波动全部是由于几何线形变化所引起。

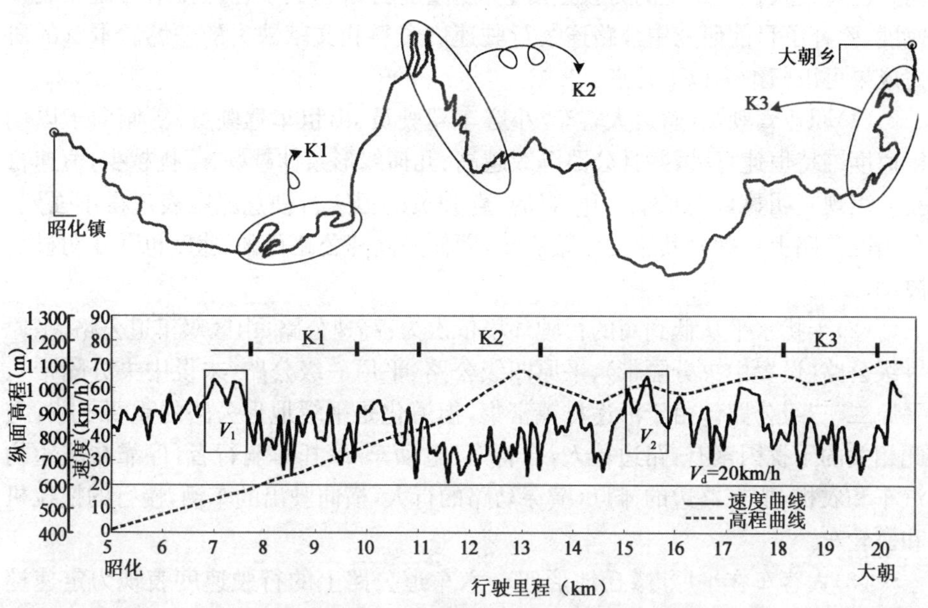

图 2-15　四川省广元市昭化至大朝四级公路的小客车速度

我们测量了“野的”小客车的行驶速度，由于单位质量比功率高（相对于大客车和货车）动力强劲，上坡时小客车的最高速度 V_1 与平坡时的最高速度 V_2 基本相同，都是在 65km/h 左右，远高于 20km/h 的设计速度。通过对比速度曲线和公路线形，可以认为即使在这样的陡坡路段上行驶导致速度波动的仍然是平曲线因素，特别是大转角、小半径的急弯，比如 K1、K2、K3 这三处弯道密集的区段，其行驶速度震荡频繁剧烈，因此驾驶人必须不断进行速度调整，根本没有机会维持恒速行驶。最后需要指出的是，尽管是急弯和陡坡相组合，小客车的最低行驶速度仍在设计速度之上。

2.5 本章小结

目前与速度有关的试验研究都是在路段单元上选取断面，然后在路外观测汽车驶过断面的速度值，即地点速度，而汽车在整条长路段的连续行驶速度一直没有得到研究者的充分关注。由于缺少相关数据可以参考，公路设计人员很难对所设计公路上的行驶速度有一个整体把握，也无从了解驾驶人在公路上的驾驶行为是否符合之前的设计预期。为此，我们在四川省测取了不同地形条件、不同类型驾驶人在公路上的行驶速度，所测量的公路涵盖了各种技术等级和设计速度，弥补了目前研究中公路连续行驶速度资料和文献缺失的遗憾。本章的研究成果可以归纳为以下几点：

(1)职业驾驶员（营运大客车/小客车驾驶员、出租车驾驶员）更倾向于以期望速度维持恒速行驶，并且公路等级越高、几何线形条件越好、干扰越少，恒速行驶的表现越明显。而私家车和"野的"驾驶员的恒速行驶意愿则表现得不强烈，在山区公路上行驶时其速度频繁震荡，即使是高速公路行驶，速度也存在明显的波动。

(2)干扰水平从低到高的行驶环境依次为：高速公路、山区双车道公路、平原一级公路（设置中央分隔带）、平原四级公路、平原一级公路（未设中央分隔带）、平原二、三级公路。由于沿途村镇密集，街道化是平缓地形公路的重要干扰，与此相关的干扰因素有：路边行人，自行车/电动车/摩托车骑行者，停靠在路边的汽车和农机，摆在路边的摊点，横穿马路的行人，横向驶出的车辆，慢行的拖拉机和三轮车。

(3)大客车在平原/微丘地形四～六车道公路上的行驶速度表现为定速巡航，巡航速度在80～100km/h，并且设计标准越高，速度曲线越平稳；而当行驶环境为平缓地形双车道公路时，由于街道化造成的干扰，只有少部分路段或是一些局部位置才表现为定速巡航，巡航速度在60km/h左右。

(4)当行驶环境为山区四车道高速公路和双车道公路时，平面线形开始对大客车速度产生影响，弯道转角越大半径越小，大客车进弯时的速度下降越明显。对于设计速度在30～40km/h的公路，弯道之间的速度峰值比较接近，在60～80km/h，表明即使在崎岖山路上驾驶员仍有恒速行驶欲望。

(5)当行驶环境为连续长上坡时，大客车存在一个爬坡速度，但只有在爬坡速度低于平曲线控制速度时爬坡行为才会得以表现。一般情况下客车的座位数越多，爬坡速度越低。本书的观测结果表明我国现行的公路设计规范中所规定的坡度界限能够满足满载大客车爬坡速度大于设计速度的要求。

(6)平缓地形高速公路上的小客车行驶速度大多存在波动。其中六车道高速公路上的波动相对较小，波谷基本维持在设计速度之上，波峰一般超出设计车速 20～25km/h；四车道高速公路由于一个行驶方向只有两个车道，并排的慢行车辆更容易对小客车的快速行驶造成干扰，因此速度波动频繁且剧烈，谷值约为 50～60km/h 左右，而峰值会超出设计车速 30～40km/h。

(7)当行驶环境为平缓地形双车道公路时，由于街道化程度通常比较严重，行驶过程中极易受到干扰车速波动频繁甚至时常出现停车等待现象，不管是哪一类型驾驶员所驾驶的小客车，其行驶速度都很不稳定，最高幅值取决于街道化严重水平，本书的测试结果是在 65～85km/h 左右。

(8)当行驶环境为山区四车道高速公路和双车道公路时，行驶过程中的外部干扰极少，几何线形是影响小客车驾驶人速度选择行为的最主要因素。弯道越密集越琐碎，速度变化越频繁，最低车速通常会低于设计车速，最高车速则比设计车速高出 30～60km/h，并且公路等级越低，最高速度与设计速度之间的差值以及相邻线元间的速度差越大。此外，小客车的波动幅度比大客车要高出 50%到 1 倍左右。

(9)文中的测试结果还表明，不管是高速公路还是翻山越岭的双车道公路，均看不到坡度值变化对小客车行驶速度的影响，同时，连续的长大纵坡并未使小客车速度产生趋势性变化，造成速度波动的仍是平面线形因素。因此，可以认为在目前 3%～9%坡度范围内，小客车行驶速度是受平面线形控制。

第3章　汽车在公路上行驶时的横向加速度分布特征及其变化规律

对汽车在公路上行驶时的横向加速度进行调查和分析，得到横向加速度的分布区间变化规律和影响因素，一直是公路工程和汽车工程领域的一项重要内容。研究汽车行驶时的横向加速度对于公路设计具有以下几个方面的重要意义：其一，对横向加速度进行换算可以得到汽车行驶时的横向力系数，从而对公路路面设计和路表特性提出要求，敦促设计者改善施工工艺，提高路面材料的使用性能，使其能够提供满足车辆横向稳定性的摩擦系数值；其二，若测得汽车行驶时未被平衡之前的横向加速度，再从中扣除掉驾驶人可接受的横向容许加速度，剩余的部分即应该是超高所平衡掉的，因此可以用来控制平曲线超高率的取值范围；其三，由于横向加速度与汽车行驶时的横向稳定性直接相关，而行驶稳定性的保证是驾驶人通过对汽车行驶轨迹和行驶速度的协同控制来实现，因此，通过横向加速度可以深入研究驾驶人在曲线行驶时的轨迹选择行为和速度选取行为，从而为复杂道路的轨迹预测和速度预测提供基本参数（本书第4章和第5章的研究内容）；其四，横向加速度还是汽车行驶横向舒适性最直接最客观的衡量标准，如若得到横向加速度与线形参数的关系模型则可以在设计阶段预测出公路方案的横向舒适性水平，进而有针对性地改进几何设计指标并最终提高公路的行驶质量。

国内外学者从多个角度开展了横向加速度的相关研究，德国的HUJEMANN教授在勒沃库森的一个高速公路立交匝道、一条城市快速路环形线和一条崎岖山路上测量了小客车的横向加速度，根据试验数据得到了横向加速度的10^{th}、50^{th}和90^{th}分位值，以及横向加速度与弯道半径之间的关系模型。但由于其调查的公路样本仅有一条（技术等级类似于我国的四级公路），因此其研究结果具有很大局限性，尚无法指导公路设计。日本HOKKAIDO研究中心道路分部的TOKUNAJA博士调查了一辆小客车在一段5km山路上行驶时的横向加速度，试验路段一共包含16个弯道，半径区间50～530m，通过多次试验得到了每个弯道的横向加速度分布，但她关注的重点是车辆导航系统的使用对驾驶人速度控制行为的影响。交通部公路所的和松工程师用SCRIM设备在专用试验路上测量了多种行驶速度下的路面横向力系数(SFC),得到了SFC与测试速度之间的统计回归模型。同济大学的潘晓东教授在一条山区公路上选取了11个平曲线路段进行了测试,得到了心率增加数和最高血压增加数这两个心生理指标随横向力系数变化的数据,以及以横向力系数为自变量的驾驶负荷统计模型。交通部公路所在2002年开展了公路横向力系数专题研究,调查了小客车、大客车和货车三类典型车辆在公路上行驶时的横向力系数,得到了横向力系数随行驶速度的变化关系曲线,为公路超高值的范围限定提供了依据。

近年来,我国公路上的交通组成已经发生了巨大的变化,其特点是货车和大客车等大型营运车辆虽然绝对数量上涨,但其所占的比重显著下降,与此同时小客车的比重急剧增加并且小客车的驾驶员构成更加丰富。比如私家车驾驶员在全部驾驶员中的比率在过去低得可以忽略,但现在开始占主导,而职业驾驶员的比重一直呈下降趋势;与此同时,驾驶员的驾龄、性别和年龄的分布更加分散和随机。车辆方面也发生了巨大的改变,首先是车辆动力性能方面的提高日新月异,最高时速、加速性、制动性、操纵性有了极大的改善,小客车和大客车可以达到更高的速度,货车的载重吨位已经提高数倍。因此,现今条件下驾驶人操控车辆所表现出来的行驶特性必然异于从前,而横向加速度作为一个重要的车辆行驶相应参量和驾驶人行为特性指标必然将发生变化。因此,为了给新形势下的公路设计提供指导,显然非常有必要对当前公路上的汽车横向加速度进行大规模的调查和分析。

为此,笔者历时两年在四川省测量了不同地形条件、不同技术等级公路上的汽车横向加速度,地形地貌包括成都平原、川中丘陵和山岭(龙门山系、龙泉山系、大巴山系和邛崃山系),公路类型包括双车道公路、四车道公路和六车道公路,设计速度从20km/h到120km/h不等,技术等级从四级一直到高速公路。本书研究了横向加速度的分布特征,分析了横向加速度随行驶速度和轨迹半径的变化关系,以及地形条件、公路设计等级和类型对这种变化关系的影响规律。

3.1 横向加速度采集试验设计

本书采用单车连续测量的方法来采集汽车在公路上行驶时的横向加速度,同时采集汽车的行驶轨迹和行驶速度。具体的试验设计如下:

3.1.1 试验道路

笔者选取12条有代表性的公路进行分析，试验公路涵盖了不同设计等级、不同地形条件和不同的车道数。表3-1是这些公路的主要技术特性。

试验道路的主要技术参数　　表3-1

公路名称	等级	V_d(km/h)	W_R(m)	W_S(m)	中央分隔带	地形	N_L
成灌高速	高速	120	16	3.5	有	成都平原	六车道
成温邛高速	高速	100	15	3	有	成都平原	
成青金快速通道	一级	80	14	2	有	成都平原	
成彭高速	高速	100	11	2.5	有	成都平原	四车道
成—绵—广高速	高速	100	11	2.5	有	丘陵	
成渝高速成—简段	高速	80	10	2	有	丘陵/山岭	
S106什邡—彭州段	二级	60	10	1.5	无	成都平原	双车道
金堂—乐至公路赵镇—淮口段	二级	60	10	1.5	无	丘陵	
G108广元界内剑门关—梓潼段	二级	40	8	0.5	无	山岭	
G213都江堰—映秀段	三级	30	7	0.25	无	山岭	
G318龙泉驿界内龙泉—简阳段	三级	30	8	0.8	无	山岭	
广元市昭化镇—大朝乡公路	四级	20	6	0	无	山岭	

注：V_d为设计速度；W_R为路面宽度（含路肩），当试验道路设置中间分隔带时，此值为单个行驶方向的路面宽度，未设分隔带时，此值为整幅路面宽度；W_S为硬路肩宽度，设置分隔带时此值为右侧硬路肩宽度；N_L为车道数。

3.1.2 车辆类型

根据笔者之前在多条公路上的交通组成调查结果，小客车、大客车和货车是比重最大的三种车型，以四川省为例，小客车在双车道公路和高速公路上的比重一般在60%～70%以上。除了旅游公路大客车稍多以外，一般的双车道公路和高速公路其货车比重通常要稍高于大客车。

笔者测量了足够样本量的小客车和大客车行驶特性数据，而货车由于载重分布范围极大，子类型非常多，且搭乘测量难度较大，样本量数据目前尚不够充分。因此，本章给出的是小客车和大客车的测试结果，货车的分析结果待样本量充足以后将在本书以后的修订版中给出。

3.1.3 测量方法

我们用VM-I微型惯性航姿测量系统采集行驶车辆的九轴特性数据，包括

X、Y、Z 三轴加速度，俯仰角度、俯仰角速度、横摆角度、横摆角速度、侧倾角度、侧倾角速度，当然本书只选取其中的横向加速度进行分析，即 Y 轴方向（与汽车纵轴线在水平面内垂直的方向，如图 3-1 所示）的加速度。传感器安装在汽车前排和后排座位之间的车厢底板上，正式测试前进行半个小时左右的预测量和调校，以消除系统误差。

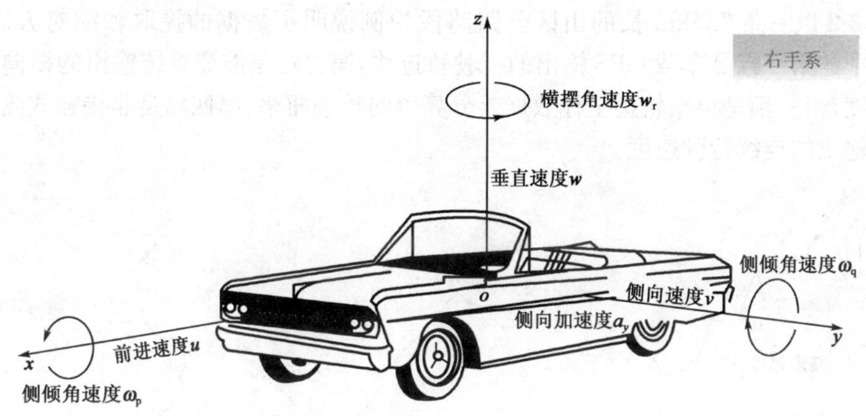

图 3-1　汽车三维坐标系

用非接触式测速仪采集汽车的连续行驶速度，该装置固定在试验车的车头或者是车尾。同时，用双频高精度车载 GPS 设备记录汽车的行驶轨迹，再根据轨迹的坐标数据计算出任意点位的轨迹曲率。

3.1.4　试验驾驶员

试验车辆为大客车时，驾驶员为运输公司的职业驾驶员，测速人员以普通乘客的身份买票搭乘。相比之下，小客车的驾驶员则包含多种类型：第一种是正规的职业出租车驾驶员；第二种是“野的”驾驶员，有驾驶证但没有取得交通管理部门以及运输管理部门的营运执照；第三种是私家车驾驶员，驾驶自家购买的小客车。表 3-2 是试验驾驶员的一些特征数据。

试验驾驶员的基本特性　　表 3-2

驾驶员类型	人数	男性	女性	年龄分布	平均年龄	驾龄分布	平均驾龄
大客车驾驶员	15	14	1	32～55	42	8～20	15
出租车驾驶员	8	6	2	26～49	35	3～21	13
“野的”驾驶员	23	23	0	25～46	35	2～15	7
私家车驾驶员	10	5	5	26～50	33	1～12	3.5

3.1.5 数据提取

惯性航姿系统、非接触式测速仪以及车载GPS设备的输出数据都含有时间序列，精度为毫秒，在测试时用一个三通道的数据采集卡与一台便携式计算机相连，并向其写入数据，由于都包含时间序列，很容易实现三种数据之间的同步。图3-2以一条7.5km长的山区公路路段为例说明了数据的提取和配对方法。图中的第一幅是车载GPS输出的行驶轨迹线，第二幅是航姿系统输出的横向加速度，第三幅是根据轨迹坐标数据差分算得的轨迹曲率，第四幅是非接触式测速仪输出的连续行驶速度。

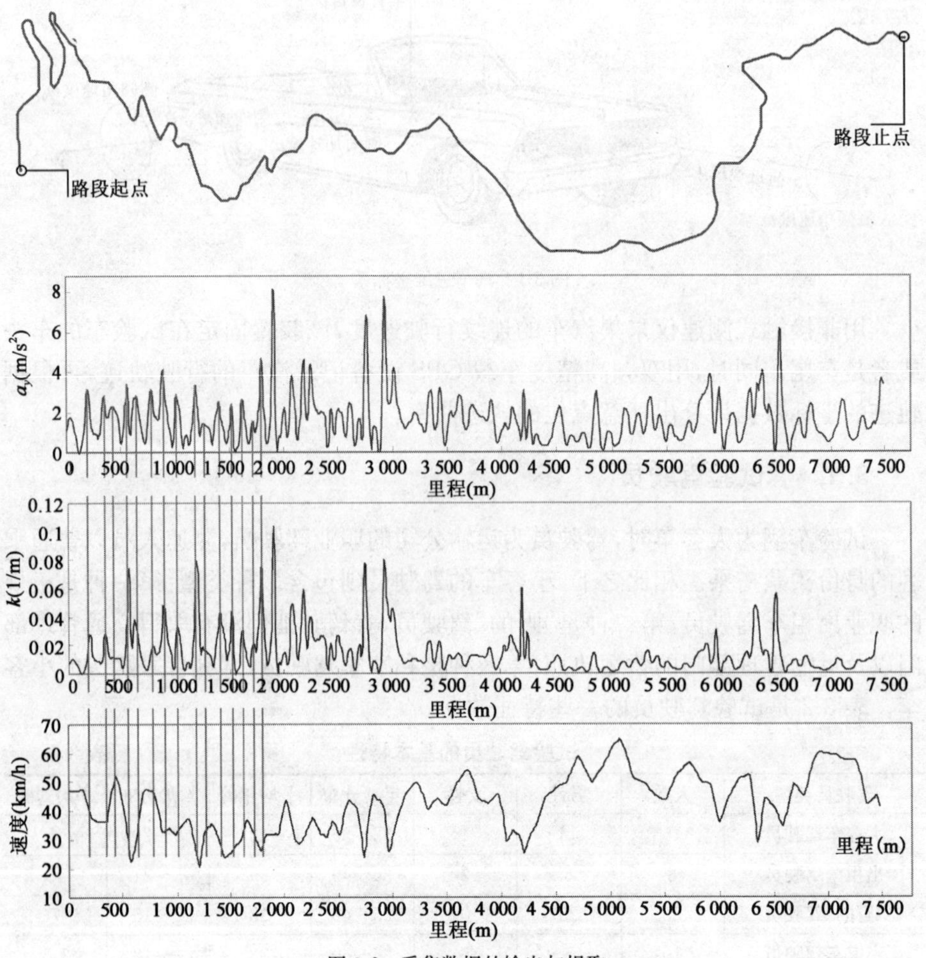

图3-2 采集数据的输出与提取

在绝大多数情况下，一个典型平曲线路段的汽车横向加速度都会经历先上升后下降的时变过程，峰值时刻通常是在汽车驶经平曲线中点位置时出现。由于汽车的行驶稳定性是在横向加速度达到峰值时最为不利，因此，选取峰值横向加速度进行分析。本书设计了曲线尖峰提取算法，将横向加速度曲线输入进去后，程序自动输出每一个尖峰的时间序列值、加速度峰值和相应的里程值，然后根据时间序列和里程值找出与加速度尖峰对应的轨迹曲率 k_i 和行驶速度 v_i，再将数据保存成(i,t_i,L_i,a_{yi},k_i,v_i,)格式文件。从图 3-2 中可以看出，加速度尖峰和轨迹曲率尖峰基本上是一一对应的，但加速度与速度之间的对应性却不是很强。根据整理得到的数据可以很方便的绘制成 a_y-k 散点图和 a_y-v 散点图，进而可以实现深入的统计分析。

3.2　横向加速度分布特性

图 3-3 是 12 条测试公路上 2 种试验车型的测试结果，通过观察横向加速度的分布范围，可以对小客车和大客车在各种公路上行驶时的安全性和舒适性进行衡量和判别。

其中图 3-3 中的第 1～第 3 幅图是三条六车道公路的汽车横向加速度分布，由于同一行驶方向有三个车道和一个硬路肩，即使前方有慢行车辆驾驶人也有充分机会换道超车，因此，在行驶过程中驾驶人基本可以按自己偏爱的期望速度来控制车辆速度。这三条道路都位于成都平原，线形标准非常高，行驶环境基本相同，因此三条公路对应的横向加速度分布范围非常接近，比如三者的 85^{th}分位值特征值都是在 1.0m/s^2 左右，并且最大值都低于 3.5m/s^2。根据先前的研究成果，当以横向加速度作为行车舒适性的度量标准时，驾乘人员感觉“舒适”的阈值为 1.8m/s^2，感觉“比较舒适”的阈值为 3.6m/s^2，感觉“不舒适”的阈值为 5.0m/s^2。因此，可以认为汽车在平缓地形六车道公路上的旅行都达到了比较舒适的水平，并且其中达到舒适水平的路段比例都在 90%以上(超过 90%的数据点位于 1.8m/s^2 控制线之下)。就同一条公路而言，大客车和小客车的横向加速度分布特性稍有差别，总体来看小客车的数据分布位于坐标系的更上方，这是因为小客车由于动力相对强劲可以达到更高的行驶速度，所以横向加速度偏大。

图 3-3 中的第 4～第 6 幅图是四车道高速公路的横向加速度分布。三条公路所穿越的地形条件依次为平原、丘陵和山岭，从图中可以看到当地形条件从平缓向起伏过渡时，横向加速度的分布区间依次向高位靠拢，比如位于成都平原上

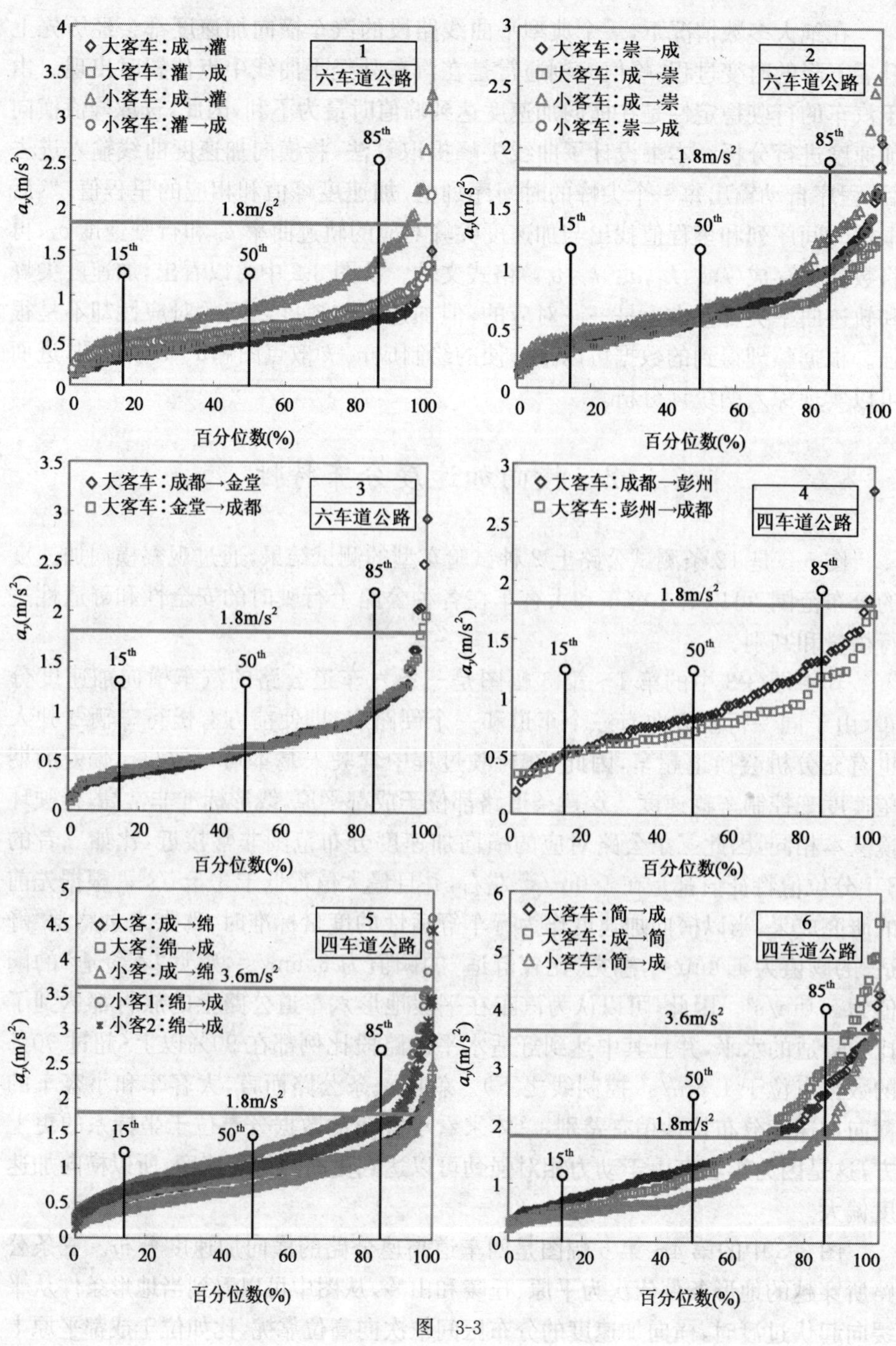

图 3-3

大客车：成→灌
大客车：灌→成
小客车：成→灌
小客车：灌→成
1
六车道公路
85th
1.8m/s²
15th
50th
a_y(m/s²)
百分位数(%)
大客车：崇→成
大客车：成→崇
小客车：成→崇
小客车：崇→成
2
六车道公路
大客车：成都→金堂
大客车：金堂→成都
3
六车道公路
大客车：成都→彭州
大客车：彭州→成都
4
四车道公路
大客：成→绵
大客：绵→成
小客：成→绵
小客1：绵→成
小客2：绵→成
5
四车道公路
3.6m/s²
大客车：简→成
大客车：成→简
小客车：简→成
6
四车道公路

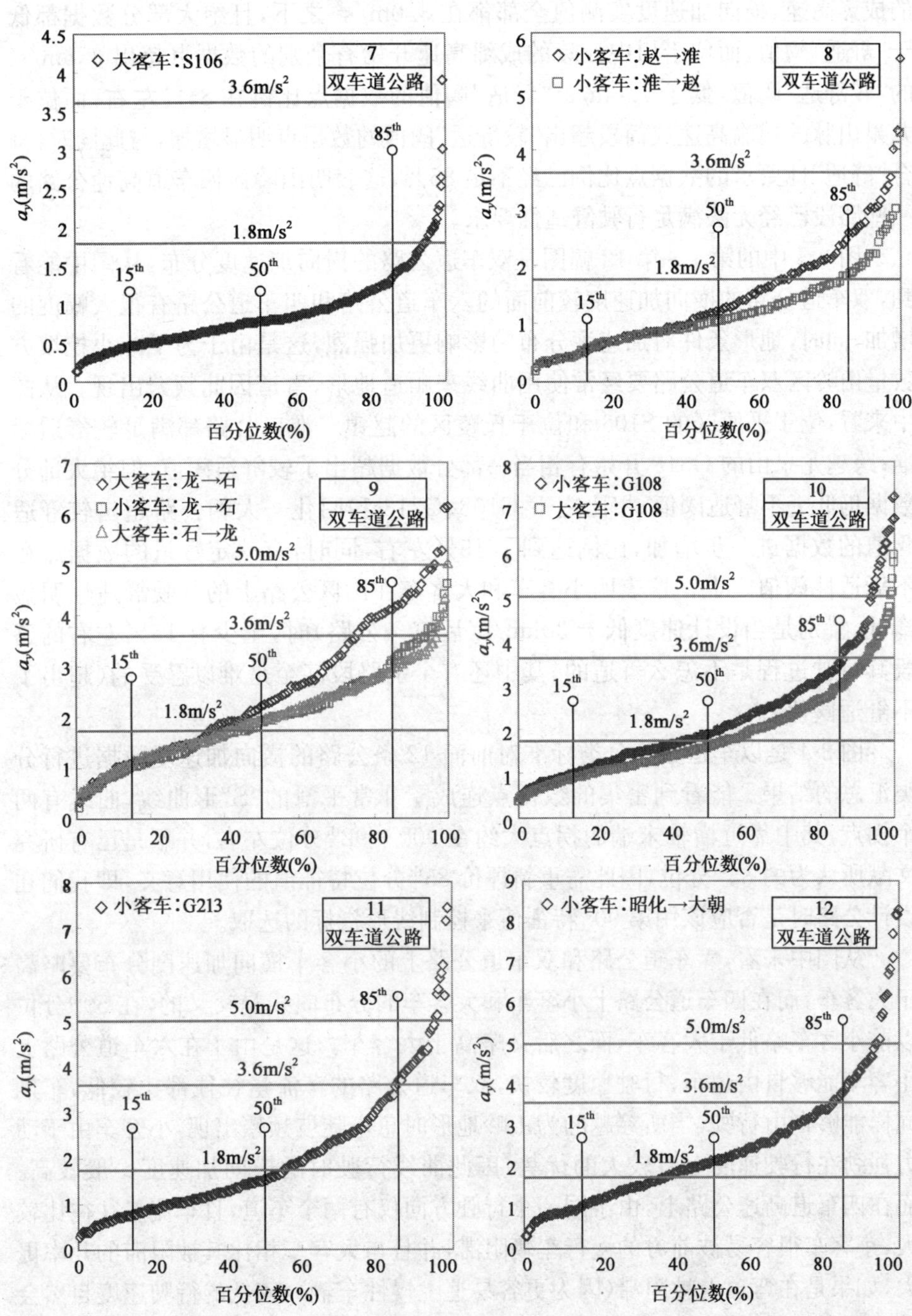

图 3-3　试验公路上的横向加速度分布

的成彭高速，横向加速度实测值全部都在 3.0m/s² 之下，且绝大部分数据都低于"舒适"阈值；而位于川中丘陵的成绵高速开始有个别的数据点超出 3.6m/s² 的"较舒适"阈值，低于 1.8m/s²"舒适"阈值的数据点比例在 85%左右；而位于龙泉山脉的成渝高速成简段超出"较舒适"阈值的数据点明显增加，与此同时，符合"舒适"性要求的数据点比例已经不足 85%，这表明山岭区四车道高速公路的一些路段已经无法满足行驶舒适性要求。

图 3-3 中的第 7～第 12 幅图是双车道公路的横向加速度分布，从图中能看到，双车道公路的横向加速度较前面的六车道公路和四车道公路有很大幅度的增加；同时，地形条件对加速度分布的影响更加强烈，这是由于为了减小挖填方数量山岭区双车道公路要经常使用曲线来顺适地形，弯道因此频繁出现。从图中来看，位于平原区的 S106 和位于丘陵区的赵镇—淮口公路都满足较舒适标准；跨越龙泉山的 G318 开始有相当一部分数据超出了较舒适阈值，但绝大部分数据仍低于不舒适阈值；相比之下 G108、G213 和昭化—大朝公路超出较舒适阈值的数据进一步增加，比例达到了 15%左右，同时，有一定数量的数据点在不舒适性阈值之上。这表明小客车和大客车在山区公路上的行驶舒适性明显降低，特别是当设计速度低于 30km/h(后三条公路)时，至少有 15%左右的路段其行驶过程是不怎么舒适的，其中还有个别路段甚至是难以忍受的(超出了不舒适阈值)。

图 3-4 是以车道数为分类标准对前面 12 条公路的横向加速度数据进行分类汇总的结果。能看到密集的数据点连成了非常平滑的"S"形曲线，曲线有两个拐点，其中靠近横轴末端的拐点大约在 90th～92^{th}分位左右，并不是已有研究文献所认为的 85^{th}分位，因此需重新评价 85^{th}分位特征值的使用意义，即我们在设计公路时是否应该用第 90^{th}特征值来控制线形指标的选取。

从图中来看，六车道公路和双车道公路上的小客车横向加速度分布要略高于大客车，而在四车道公路上小客车和大客车的分布曲线是交叉的，在 50^{th}分位以前小客车略低于大客车，而之后又略高于大客车。这是由于在六车道公路上小客车能够自由超车，行驶速度较快，双车道公路的车流量往往都比较低，车辆同样能够自由行驶，当所穿越的为山岭地形时急弯陡坡频繁出现，小客车由于动力强劲在行驶速度上有较大的优势，因此曲线行驶时的横向加速度一般较高。而在四车道高速公路上，由于同一个行驶方向仅有两个车道，且车流量往往比较大，小客车很容易被前方的慢行车辆阻滞，并且与大客车相比其被阻滞的几率更大，如果是在弯道上被阻滞(因为更容易追上慢性车辆)，较低的行驶速度自然会导致较低的横向加速度。

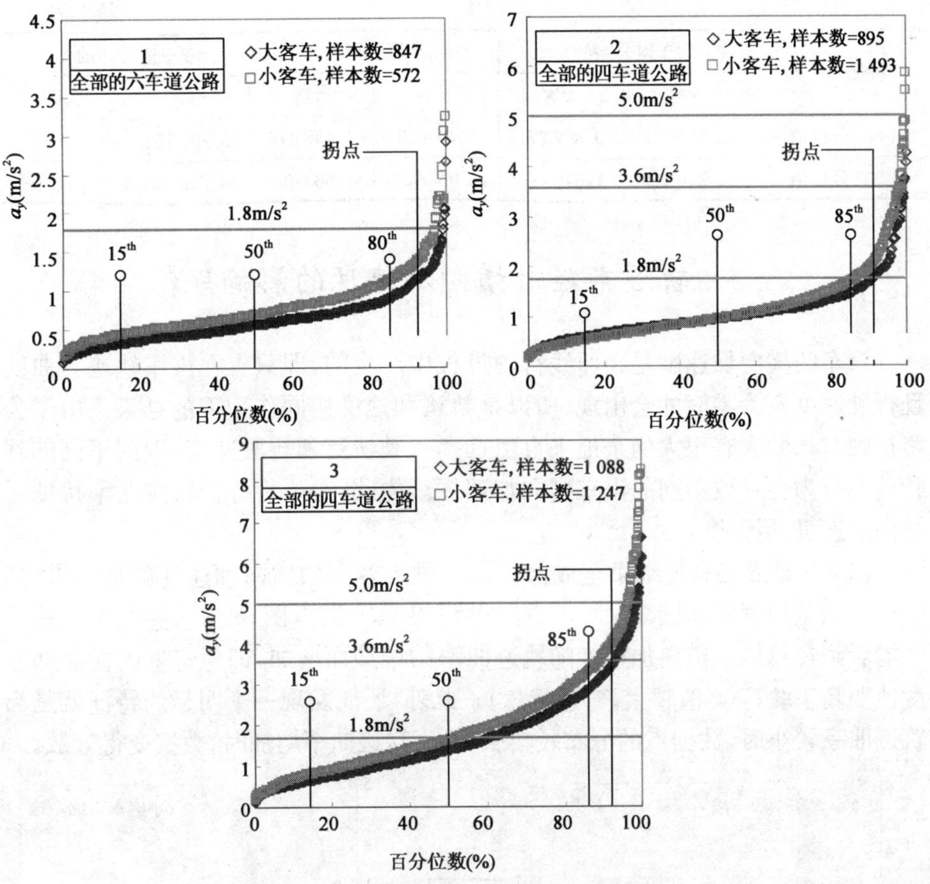

图 3-4　每种类型公路上的横向加速度分布

表 3-3 给出了大客车和小客车在三种类型道路上的横向加速度特征分位值,包括 10th、15th、50th、85th和 90th分位,可为道路几何设计或是车辆智能速度控制算法的设计提供参数选取依据。从表中能看到除了双车道公路的 85th和 90th分位值高于 2m/s² 之外,其余的分位值都是低于 2m/s²。

横向加速度特征分位值　　表 3-3

特征分位数	六车道公路的 a_y		四车道公路的 a_y		双车道公路的 a_y	
	小客	大客	小客	大客	小客	大客
10th分位值	0.386 14	0.285 944	0.450 358	0.526 42	0.702 805	0.570 287
15th分位值	0.445 396	0.337 897	0.525 151	0.584 507	0.830 999	0.673 612
50th分位值	0.683 107	0.562 107	0.941 924	0.955 122	1.637 689	1.402 546

续上表

特征分位数	六车道公路的 a_y		四车道公路的 a_y		双车道公路的 a_y	
	小客	大客	小客	大客	小客	大客
85^{th}分位值	1.121 519	0.897 271	1.676 18	1.458 476	3.201 153	2.790 782
90^{th}分位值	1.256 985	1.019 995	1.933 957	1.683 862	3.730 245	3.222 059

3.3 轨迹半径对横向加速度的影响规律

汽车的横向加速度是在曲线行驶过程中产生的，即只有在汽车轨迹为曲线且行驶速度不为零时才会出现，所以是轨迹和速度协同作用下的结果。由于公路行驶时驾驶人有很大的余地来自由选择行驶轨迹和行驶速度，因此不同的驾驶选择行为会导致不同的汽车横向加速度。为此，本节将分析轨迹曲率特性对横向加速度的影响。

图 3-5 是成绵高速绵阳至成都方向一辆小客车的横向加速度测量结果，其中左半幅是根据前面图 3-1 所示方法得到的 a_y-k 散点图，k 为轨迹曲率。从图中能看到在总体上横向加速度随轨迹曲率的增加而增加，即急弯上的横向加速度值要高于缓弯（k 值越大，弯道越急）。此外，还能发现一个明显的特征就是当轨迹曲率较小时，数据点的分布较集中；而当轨迹曲率增加时，数据变得分散。

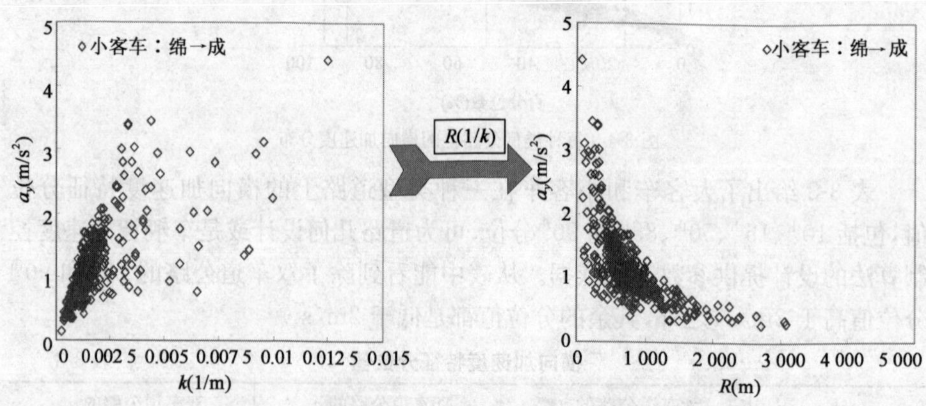

图 3-5　横向加速度与轨迹曲率和轨迹半径之间的关系

对于道路设计而言，轨迹半径要比曲率更加直观，可以直接作为设计者选择平曲线半径的参考依据。根据曲率与半径之间的互为倒数关系，可以将左半幅图中的数据转换成右半幅，即 a_y-R 散点图，我们能观察到经过转换之后的散点图呈现了更强的规律性。

图 3-6 是经过转换之后的全部 12 条试验道路的 a_y-R 散点图，从图中能看到不管是六车道公路、四车道公路还是双车道公路，a_y 与 R 之间均表现出了非常明显的负相关关系，即轨迹越舒缓横向加速度越小，但这种负相关并不是线性的。a_y 与 R 之间的负相关可以很容易解释：根据公路上的速度观测，我们发现当轨迹半径增加时，驾驶人通常会选择比较高的通过速度，此时如果车辆失去横向稳定性，事故后果与低速行驶时相比势必会更加严重。因此，驾驶人为了保障车辆的横向安全性必然会选择比较小的 a_y，从而预留出比较大的安全边际（横向加速度安全边际）。

对比三种类型道路上的试验结果，我们发现六车道公路的数据分布相对更集中，车道数减小时，数据朝着散乱的变化趋势发展，这是由于六车道公路的行驶环境非常相似，公路几何线形沿行驶方向变化不大，驾驶人所表现出的行为具有更高的一致性，因此数据较为集中。而当行驶条件为双车道公路特别是山区双车道公路时，平纵面线形、路宽和路侧都是随行驶里程变化的，且不同公路之间行驶环境的差别也非常明显，驾驶人在面对这些变化时会表现出不同的轨迹和速度选择行为，因而数据分布较为散乱。

图 3-7 是将实测数据按试验车型重新整理汇总后的结果，能看到按车型归类之后的数据分布更加集中，规律性更强，这为我们建立 a_y-R 关系模型提供了方便。在此，针对每一组数据我们都将建立两个模型，分别是均值模型 $a_{y,\mathrm{ave}}$ 和极值模型 $a_{y,\max}$，其中均值模型是用统计回归方法得到，通过最优化拟合误差来估计模型参数，而极值模型是散点数据上包络线的函数形式。均值模型的物理意义可理解为平均水平或是中等水平的驾驶人行为，而极值模型可以用来表示驾驶人选择行为的上界。

图 3-7 中的第 6～第 9 幅图分别是三种类型公路的 a_y-R 模型曲线，每条道路均包含两种车型，如果将均值模型曲线和极值模型曲线所围成的部分称之为包络区域，从图中我们能看到在六车道公路上小客车的包络区域与大客车是分离的，完全没有交叉；而在四车道公路上，小客车和大客车的包络区域在轨迹半径低于 1 000m 时开始靠近并有轻微的重叠；相比之下，在双车道公路上小客车和大客车的包络区域在很长范围内有明显交叉。

表 3-4 按公路类型给出了横向加速度极值模型和均值模型的函数形式、模型系数以及拟合精度（均值模型的相关系数 R^2）。换算成横向力系数之后，表中的均值模型可以用于道路设计时几何参数的一般值控制，极值模型可用于几何参数的极限值控制，可以控制的几何参数有平曲线半径和超高。此外，用 a_y 结合弯道半径还可以反算出运行速度，进而可以对视距和竖曲线参数进行控制。

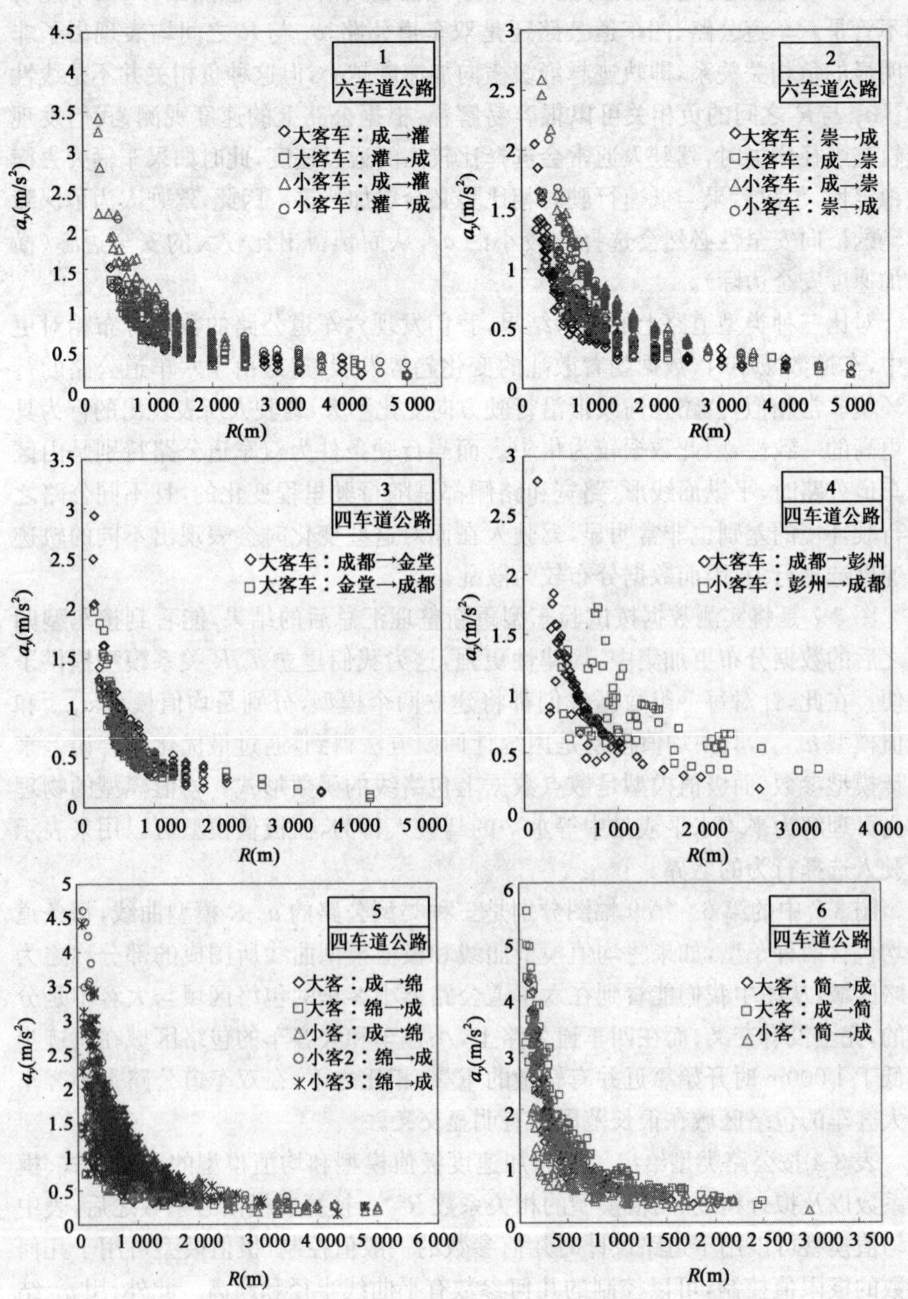

图 3-6

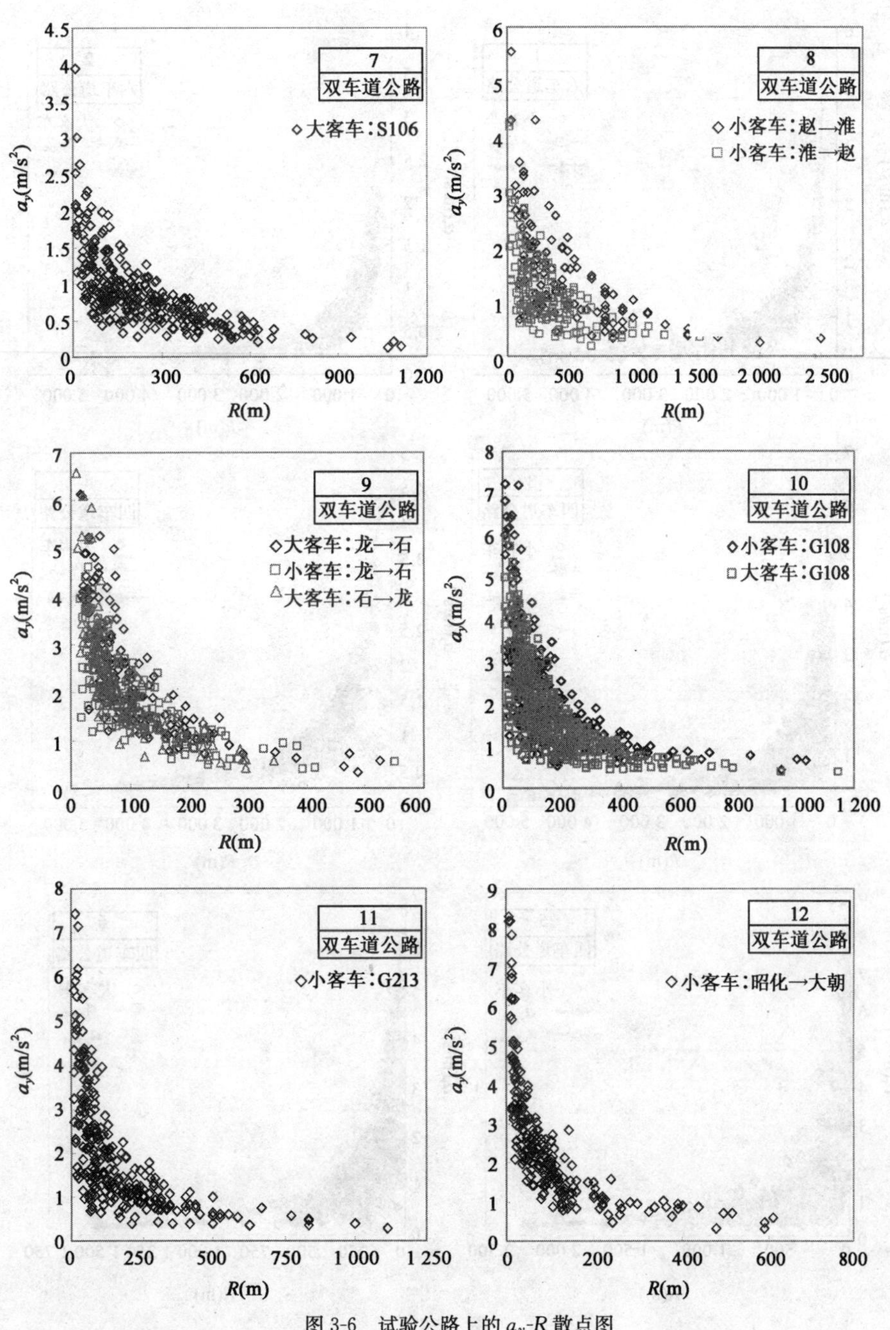

图 3-6　试验公路上的 a_y-R 散点图

1
六车道公路
小客车
$a_{y,ave}$
$a_{y,max}$
2
六车道公路
大客车
$a_{y,ave}$
$a_{y,max}$
3
四车道公路
小客车
$a_{y,ave}$
$a_{y,max}$
4
四车道公路
大客车
$a_{y,ave}$
$a_{y,max}$
5
四车道公路
小客车
$a_{y,ave}$
$a_{y,max}$
6
四车道公路
大客车
$a_{y,ave}$
$a_{y,max}$
a_y(m/s²)
R(m)

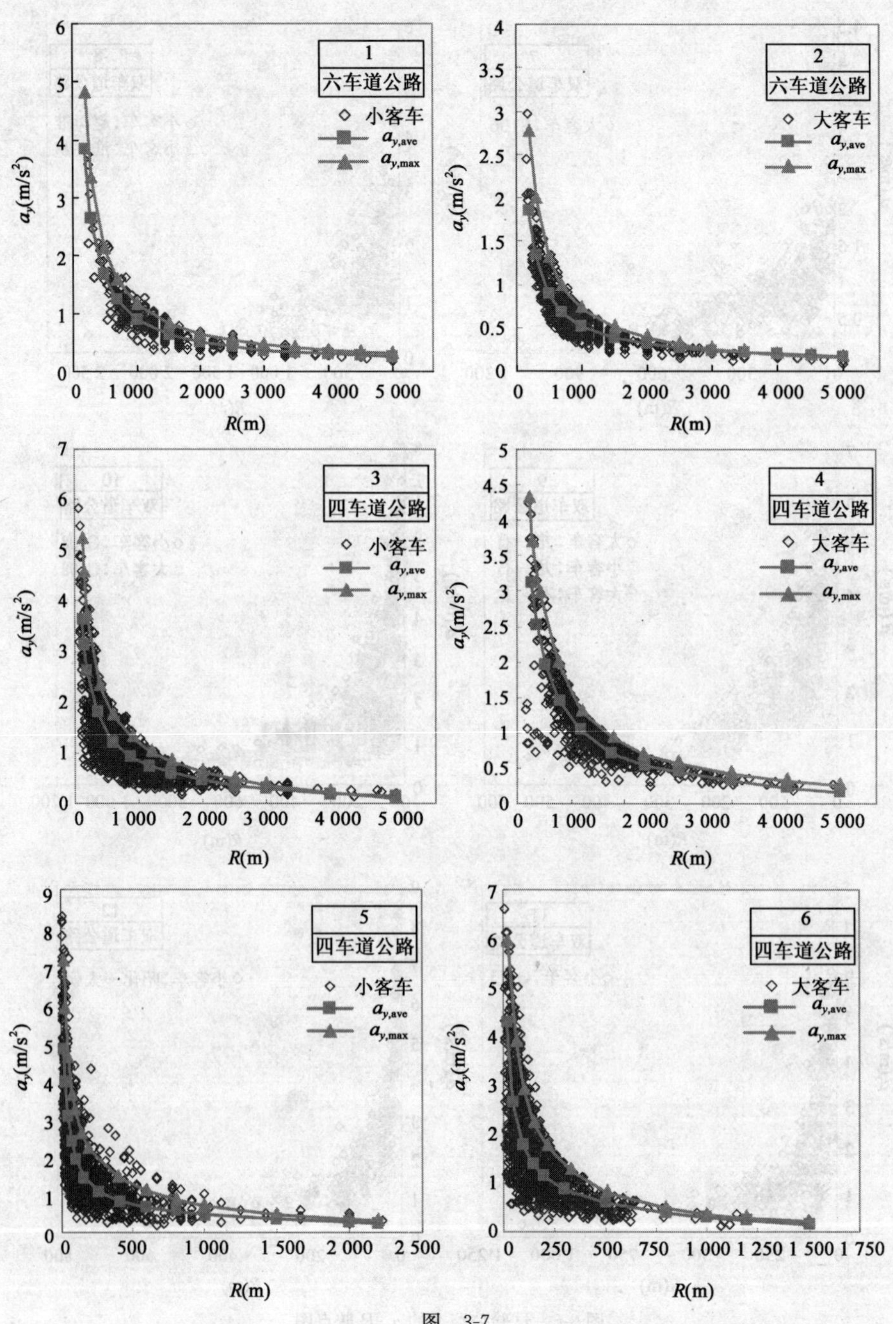

图 3-7

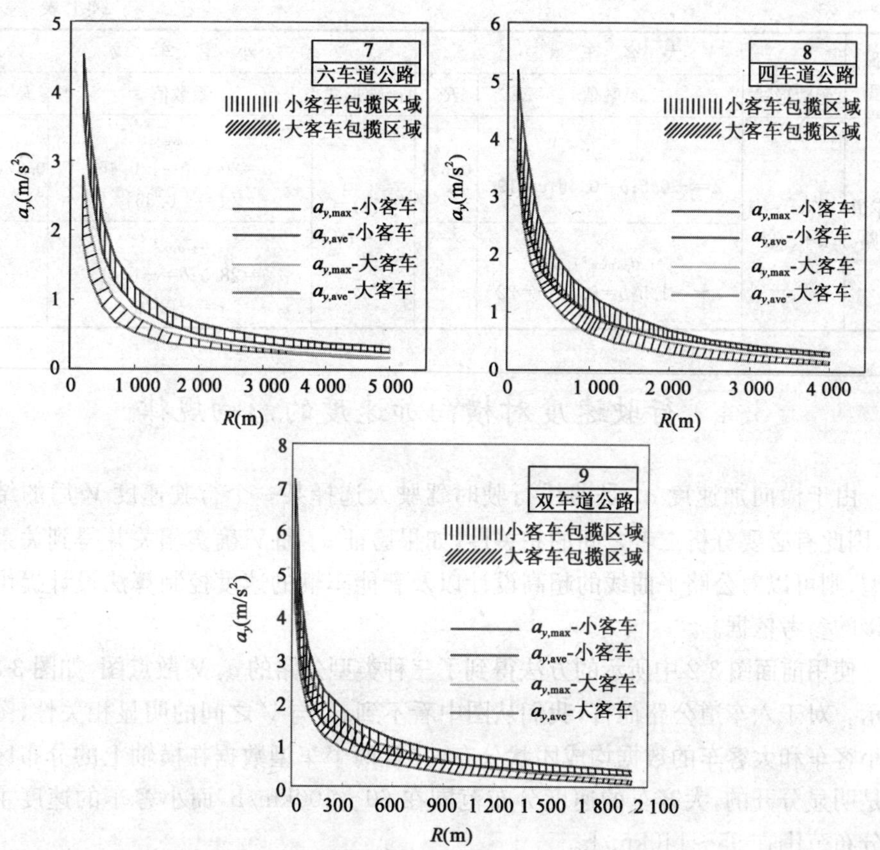

图 3-7　按车型整理后的 a_y-R 散点图以及 a_y-R 模型曲线

a_y-R 模型表达式以及模型系数　　表 3-4

公路类型	大客车 函数形式	大客车 系数值	R^2	小客车 函数形式	小客车 系数值	R^2
六车道公路	$f(x)=a+c/x^b$	$a_{y,\text{ave}}$：$a=0.05$；$b=0.835$；$c=150$	0.821	$f(x)=a+c/x^b$	$a_{y,\text{ave}}$：$a=0.07$；$b=0.94$；$c=550$	0.868
		$a_{y,\max}$：$a=-0.04$；$b=0.795$；$c=190$	—		$a_{y,\max}$：$a=0.07$；$b=0.91$；$c=590$	—
四车道公路	$f(x)=a+c/(\ln x+b)$	$a_{y,\text{ave}}$：$a=-1.65$；$b=-3.15$；$c=8.8$	0.869	$f(x)=a+1/(x^b+c)$	$a_{y,\text{ave}}$：$a=-1.8$；$b=0.0583$；$c=-1.135$	0.712
		$a_{y,\max}$：$a=-1.8$；$b=-3.2$；$c=10$	—		$a_{y,\max}$：$a=-2.2$；$b=0.055$；$c=-1.17$	—

续上表

公路类型	大客车			小客车		
	函数形式	系数值	R^2	函数形式	系数值	R^2
双车道公路	$f(x)=a+c/x^b$	$a_{y,\mathrm{ave}}$：$a=-0.5;b=0.46;c=19$	0.651	$f(x)=ax^b+c$	$a_{y,\mathrm{ave}}$：$a=20.5;b=-0.46;c=-0.35$	0.672
		$a_{y,\max}$：$a=-1.5;b=0.36;c=22$	—		$a_{y,\max}$：$a=28.5;b=-0.43;c=-0.70$	—

3.4 行驶速度对横向加速度的影响规律

由于横向加速度 a_y 是曲线行驶时驾驶人选择某一个行驶速度 V 后的结果，因此有必要分析二者之间的相关性，如果验证 a_y 和 V 确实相关并得到关系模型，则可以对公路平曲线的超高设计以及智能车辆的速度控制算法设计提供直接的参考依据。

使用前面图 3-2 中所示的方法得到了三种类型公路的 a_y-V 散点图，如图 3-8 所示。对于六车道公路而言，我们从图中看不到 a_y 与 V 之间的明显相关性，图中小客车和大客车的数据均成团状分布，并且两个车型数据在横轴上的分布区域是明显分开的，大客车的速度分布范围在 60～100km/h，而小客车的速度主要分布范围在 95～140km/h。

当行驶场合为四车道高速公路时，小客车的数据分布范围在二维坐标系的空间区域上涵盖了大客车。最高行驶速度与六车道公路上的最高速度基本相同，但最低速度要比六车道公路低出很多。与六车道公路相比，四车道公路的数据分布区域的形态呈现出了较强的规律性，因此很容易画出外包络线。

双车道公路上的数据分布区域的形状特征与四车道公路非常相似，二者之间的差别仅在于双车道公路的速度分布区间要偏低一些，从图中我们能够得出小客车在双车道公路上的最高行驶速度约为 115km/h。

将全部的 a_y-V 散点数据按车型进行分类汇总，如图 3-9a)所示，即每一种车型的散点图都包含了二、四、六车道公路与该车型相关的全部数据。能看到经此处理后，不管是小客车还是大客车其数据分布区域都呈现了非常强的规律性，图中的三条线基本勾勒出了数据分布区域的轮廓特征。

以 10km/h 的整数间隔来划分速度区段，小客车的速度区段分别为 20～

30km/h,30～40km/h,…,110～120km/h，120～140km/h,大客车的速度区段为 20～30km/h,…,90～100km/h,然后统计落在每一速度区段的横向加速度的特征分位值,包括最小值 $a_{y,\min}$,最大值 $a_{y,\max}$,50^th^分位值 a_{y50},85^th^分位值 a_{y85} 和算数平均值 $a_{y,\text{ave}}$,整理出来的数据如图 3-9b)所示。从图中能看到除了最小值 $a_{y,\min}$所连成的折线是与横轴平行的之外,其余四条折线都是沿横轴下降的,即所对应的加速度分位值随着行驶速度的增加而下降。值得注意的是,两种车型的横向加速度均值都是略高于 50^th^分位值。

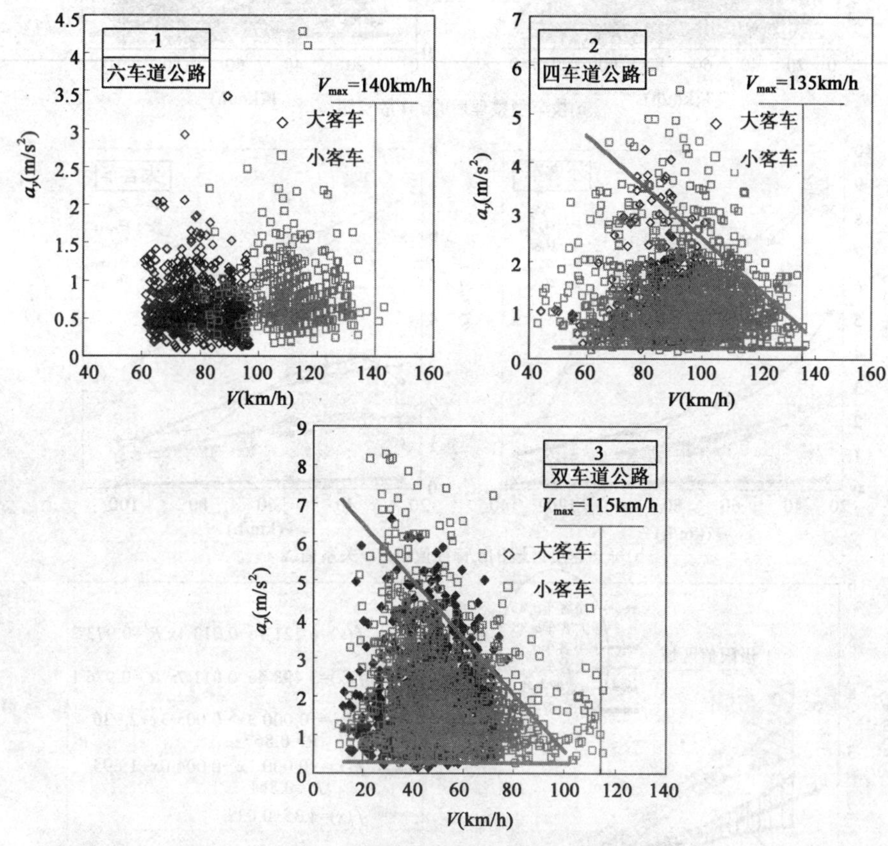

图 3-8　每种类型公路上的 a_y-V 散点图

对图中两种车型的每一组特征值都进行一元回归,得到了相应的回归公式和趋势线。能看到对于 a_{y85}、a_{y50}、$a_{y,\text{ave}}$ 这三组数据而言,两种车型的趋势线具有不同的形状特征,小客车的 3 根趋势线呈轻微的凹形,而大客车的趋势线微凸,但在与速度负相关这一特性上二者是一致的。

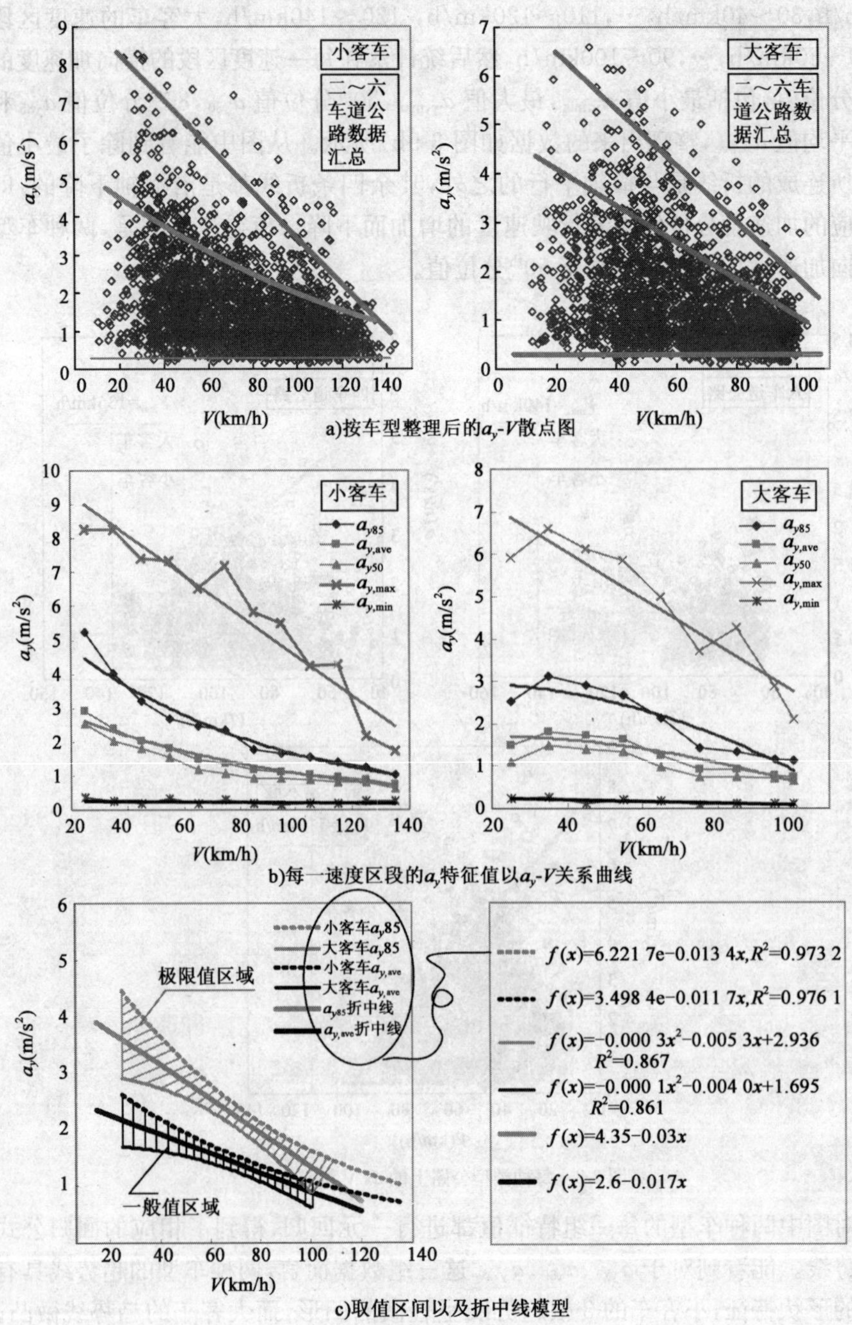

图 3-9　按车型整理后的 a_y-V 散点图

对于公路设计而言，横向加速度的算术平均值和 85^{th}分位值最适合用于控制几何参数指标的选取，其中均值可用于计算几何参数的一般值，85^{th}值则可用于计算几何参数的极限值。由于公路上的行驶车辆存在多种类型，而不同结构类型(轴型、尺寸、载质量)的车辆具有不同的行驶特性，因此几何参数取值时必须兼顾多种典型车型的行驶特性。本书分析的是小客车和大客车，而在这两种车型的同一种趋势线所包围的区域内来选取横向加速度则是一种折中的办法，对小客车和大客车的行驶特性都有兼顾，即小客车的 $a_{y,\mathrm{ave}}$ 趋势线和大客车的 $a_{y,\mathrm{ave}}$ 趋势线所包围的区域可用于公路几何要素一般值的计算，小客车的 a_{y85} 趋势线和大客车的 a_{y85} 趋势线所包围的区域可用于极限值计算，如图 3-9c)所示。由于小客车的趋势曲线是指数形式，大客车的趋势曲线是多项式形式，二者围成的包络区间呈不规则的喇叭形状，而绘制一条从包络区域中间穿过的直线则可以更加简明的表示出横向加速度与速度的负相关关系，并且由于表达式为一元的线性模型，使用和计算更加便捷，我们称这两条直线分别为 a_{y85} 折中线和 $a_{y,\mathrm{ave}}$ 折中线。

3.5　本 章 小 结

本章测量了大客车和小客车在 12 条不同地形条件、不同技术等级公路的行驶特性参量，提取了汽车连续行驶时的横向加速度、速度和行驶轨迹，通过提取数据曲线的特征值并进行同步配对处理，得到了横向加速度的分布特性，分析了横向加速度随轨迹曲率以及横向加速度随行驶速度的变化规律。本章的主要结论如下：

(1)六车道公路的汽车横向加速度低于 3.5m/s^2，且绝大部分数据值低于 1.8m/s^2，这表明六车道公路的行驶过程是舒适的。四车道公路上的横向加速度分布受地形条件影响很大，当地形条件为平原时其分布特性与六车道公路相同，而当地形为丘陵或山岭时横向加速度明显提高，超过 1.8m/s^2 舒适界限的数据点明显增加，其中还有一部分数据超过了 3.6m/s^2 的较舒适界限。双车道公路横向加速度的影响因素除了地形条件之外还有设计速度，地形起伏越大设计速度越低，横向加速度的幅值越大，当设计车速≤30km/h 时山区双车道公路的横向加速度有相当一部分数据点甚至超过了 5m/s^2 的不舒适界限。

(2)本书分别汇总了六车道、四车道和双车道公路上两种车型的横向加速度分布，并提取了 10th、15th、50th、85th、90^{th}分位值，总的来看横向加速度分布呈现了几个明显的特征：一是除了在四车道公路上两种车型的数据互有交叉之外，六车道和双车道公路小客车的横向加速度要高于大客车；二是横向加速度分布曲线的拐点在 90th～92^{th}分位左右，并不是之前我们所认为的 85^{th}分位；三是小客车在双车道公路的最大横向加速度超过了 $8m/s^2$，这已经是路面附着性能的极限。

(3)横向加速度与汽车行驶时的轨迹曲率半径呈负相关，即轨迹越缓和横向加速度越小，并且分布越集中；轨迹弯度越大、横向加速度幅值越高且较分散。就公路类型而言，车道数增加时，数据点的分布更趋向于集中。在车型方面，大客车的数据分布要相对集中，小客车要相对散乱。

(4)本书分别建立了六车道、四车道和双车道公路上两种车型的 a_y-R 关系模型，且针对每一种道路的每一种车型均建立了均值模型和极限值模型。其中均值模型表示被中和后的驾驶行为，可以用来控制公路几何要素的一般值；极限值模型表示驾驶员行为的上界即偏爱高速行驶的驾驶行为，可以用来控制几何要素的极大值和极小值。

(5)六车道公路上的横向加速度与行驶速度关联性较差，而车道数变降低至四条和两条时，二者之间的关联性逐渐增强，数据点的分布区域开始呈现出了明显的规则性。而把三种类型公路的数据混在一起，然后按车型分类时，小客车和大客车的 a_y-V 散点数据表现了较强的衰减特性。

(6)以 10km/h 为间隔统计了 20～30、30～40，…，120～140km/h 区段上的横向加速度分位值，包括极大值、极小值、均值、85^{th}分位值和 50^{th}分位值，并分别建立了 85^{th}分位值和均值的 a_y-V 回归模型。两种车型的均值曲线形成的包络区间，以及两种车型 85^{th}曲线形成的包络区间可以分别为公路几何要素的一般值和极限值提供参数控制。

第4章 基于“人—车—路”协同的复杂公路/赛道汽车行驶轨迹决策

4.1 研究概述

将“人—机—环境”系统设计思想应用在汽车设计和道路设计上，就演变成了“人—车—路(环境)”协同设计。只有充分考虑系统中其他构成要素的特性以及相互作用，才能使设计出来的汽车和公路最大程度地实现人的驾驶意图，并且保证驾驶过程的舒适、安全、经济和快捷。在“人—车—路”系统中驾驶人起着最为关键的作用，因此，尽管非常复杂和难以描述，建立驾驶人模型对其行为进行刻画，自20世纪60年代以来一直是交通运输领域学者们的研究兴趣所在。

自出现起的很长一段时间内，驾驶人模型主要都是服务于车辆动力学模拟，比如操稳性仿真、平顺性仿真等，从而提高汽车运动机构的设计质量。车辆动力学控制可分为横向(方向控制)和纵向(速度控制)两种。即使直线行驶时，横向动力学和纵向动力学仍存在耦合，但在对驾驶行为进行分析特别是在建模时，一般仍按横向和纵向进行分类研究，即所谓的方向控制模型和速度控制模型。由于在进行典型工况驾驶仿真时，通常都是维持等速行驶，或是维持油门位置不变而让速度自然增减，速度模型因此非常简略甚至可以忽略，而方向控制模型却是在任何闭环场合都必不可少的。因此，有关方向控制模型(横向控制模型)的研究一直是报道的主要内容。

方向控制模型的核心任务是让车辆行驶在期望的横向位置上，为此，要保证车辆不能越过可使用路幅的几何边界，要避开前方障碍物，并且要保证车辆能够以一定的速度行驶。但从目前来看，尽量减小实际行驶位置与期望轨迹之间的侧向偏差，实现有效的轨迹跟踪是现有方向控制模型的最主要目标。在使用这些模型时，需要事先提供一条期望轨迹/参考轨迹，通常情况下是道路中线或是行车道中线，所以它们在实质上是轨迹跟踪模型，其输入为期望轨迹和当前的车辆运动状态，输出为下一时刻的转向盘角输入。但在真实世界的公路行驶中，并没有现成的期望轨迹提供给他们跟踪，可供参考的只有映入驾驶人眼帘的前方道路的几何信息和路面状况信息，比如路边线、车道线、是否有对向来车和路边停车等。驾驶人需要根据这些信息判断出前方可使用的路幅宽度和可通过区域。由于可使用路幅宽度至少包含一个车道，如果有硬路肩，驾驶人过右转弯时会使用路肩宽度；在对向没有来车的情况下，过左转弯时还会侵占一部分对向车道。因此与车宽相比，可使用路幅宽度有很大的盈余，特别是对于小客车来讲更是如此。所以，驾驶人在行驶时首先要面临的是在可使用路幅宽度内进行轨迹选择/决策，从而得到期望轨迹或是目标轨迹。因此，一个完整的方向控制模型不应该只含有轨迹跟踪，还应该包含轨迹决策。并且，轨迹决策应该位于模型的底层，因为决策的发生和进行过程显然要先于轨迹跟踪，因此它是整个驾驶人模型的基础部分。

4.1.1 国内外相关的研究

出于道路行驶仿真和智能驾驶的需要，近年来，欧美国家的一些研究机构和学者开始了在汽车行驶轨迹决策领域的尝试。根据研究策略和计算手段可以将为数不多的研究成果分为 3 种：神经网络方法、模糊规则方法和数学优化方法。Macadam 和 Yukiyo 的研究使用了第 1 种方法，他们在车上安装多个雷达探头来采集车辆与前方道路边界的相对位置信息，如图 4-1 所示，然后通过实车试验得到行驶过程中的方向盘角输入，并与位置参量进行配对，最后用神经网络训练出位置信息与角输入之间的映射关系。该方法的特点是进行横向偏差控制时，用的是车辆与路边界的侧向距离，而非车辆中心点轨迹与期望轨迹的侧向距离，因此没有显式的期望轨迹可以得到。其缺点是只能模拟标线清晰情况下行车道的居中行驶，而无法照顾到真实世界中多样化的驾驶行为，比如使用路肩、跨越中线、占用对向行驶车道和外切等。

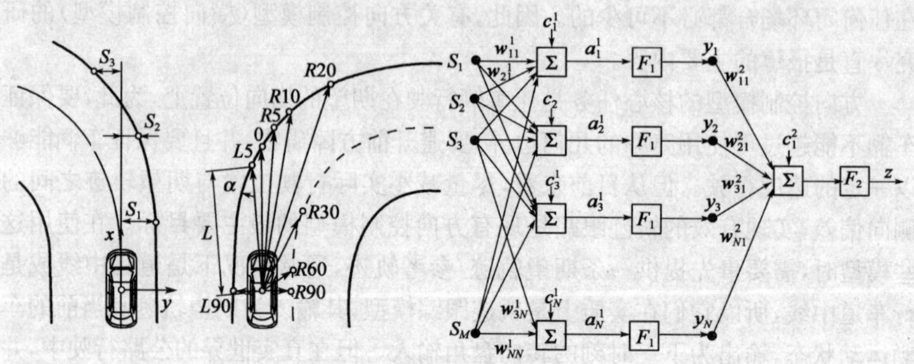

图 4-1 神经网络方法

Hessburg 和 Lauffanburgar 的研究属于第 2 种，以后者为例，通过观测实际的弯道行驶轨迹，得到了轨迹与路幅边界之间在弯道进口、中点以及出口等特征位置的侧向距离，然后以弯道半径为输入变量，建立了 6 个隶属度子集，如图 4-2 所示，用以确定与给定弯道曲度对应的轨迹控制参数 $d_1 \sim d_3$，再用 4 次 polarpolynomials 样条进行逼近，得到的曲线即是期望行驶轨迹。由于 $d_1 \sim d_3$ 对路宽具有明显的依赖性，当路宽发生大幅度的改变时，用此方法得到的轨迹会越出路面边界或是过于居中，从而导致决策失效。并且由于研究对象是偏爱内切的驾驶人，该方法最适用于模拟 F1 赛道和车流量极少的山区公路行驶，而不能满足其他行驶场合的模拟需要，也无法实现对驾驶行为多样化的描述要求。高振海和管欣也将此方法用于汽车轨迹的预测，为了缩小可行解的搜索区间、增加解的合理性，设计了轻便性、安全性、合法性等评价指标。在适用场合方面，他们的研究主要是针对车辆换道和城市道路行驶。

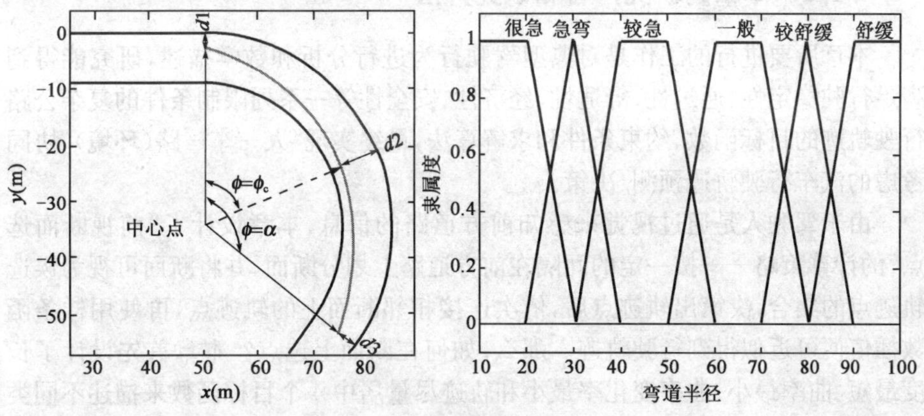

图 4-2　模糊规则方法

最后一种为单/多目标优化方法，LiLi、Preusse 和 Prokop 的研究属于此类。该方法先是建立能够描述典型驾驶人行为的目标函数，并将与轨迹相关的决策变量包含在目标函数内，然后根据实际的车辆动力性能、行驶稳定性要求以及路幅几何边界限制来建立约束条件，最后使用数学规划方法迭代得到计算周期的行驶轨迹。Sequential Quadratic Programming(SRP)是最常使用的一种求解手段。由于每一种目标函数对应一种驾驶人行为习惯，因此真实世界中典型的驾驶人类型的描述可通过设置多个目标来实现。目前，行驶时间最短、燃油消耗最少和加速度变化最小是使用最多的优化目标，但这 3 个目标多是从汽车行驶角度出发，而对驾驶人自身操作习惯的考虑不够，还是难以实现驾驶习惯多样化的描述。此外，根据给出的算例，这些研究都是针对单个弯道或是换道避让，而不是真实世界中的长距离公路行驶，并且其计算结果是局部最优的。但对于赛车手或是对所途径道路情况烂熟于胸的职业驾驶人而言，更适合进行长路段的全局轨迹优化计算。

一些关于汽车行驶轨迹预测/规划的研究方法参考了轮式机器人的移动路径规划，但需要指出的是二者之间存在显著的差别。比如，汽车是在一个狭长的曲面内行驶，长度可达数十至上百公里，而后者的工作区域通常在几十米以内，计算规模差异巨大；前者的行驶速度高、惯性大，须满足轨迹曲率连续性条件，同时还会涉及到动力学和运动学问题；后者是由步进电机驱动，可突然停止、转向或是倒退，移动路径容许有折点存在。此外，后者更强调避障和目的地搜索。这些差异导致很难把机器人移动路径规划算法有效引入到长距离行驶的汽车轨迹计算。

4.1.2 本章的研究内容和研究方法

本章所要进行的工作是对典型驾驶行为进行分析和数学描述，研究能得到满足行驶稳定性、通过性、舒适性、经济性、安全性等一系列限制条件的复杂公路行驶轨迹的目标函数、约束条件和求解算法，最终实现“人—车—路(环境)”协同考虑的汽车行驶轨迹预测/决策。

由于驾驶人是通过视觉来感知前方道路的信息，本章设计了“前视断面选点”的计算策略——按一定的间隔在前方道路上划分断面，并将断面可视为候选轨迹点的集合，决策出轨迹点后，依次连接相邻断面上的轨迹点，再使用样条函数插值便可近似得到行驶轨迹。那么，如何在断面上选点？本章首先设计了长度最短、曲率最小、曲率变化率最小和轨迹尽量居中 4 个目标函数来描述不同类型驾驶人在选择行驶轨迹时的特点和差别。接下来，设计了不越出路幅边界、障碍避绕、弯道通过性、行驶稳定性等约束条件来描述真实世界行驶过程中的各种限制。然后，结合实际的行驶情况，设计了滚动时域算法，每次计算一定数量的断面，沿行驶方向依次向前推进，直至得到每个断面上的轨迹点。最后使用三次样条对轨迹点进行插值，用样条曲线依次连接相邻两点，即可得曲率连续的轨迹线。整个计算过程如图 4-3 所示。

为了验证模型算法的有效性，文末给出了 2 条复杂山路和 1 条复杂赛道的计算实例，结果表明通过目标函数和约束条件的配合使用可以得到想要的轨迹形态，能够模拟出日常行驶和赛道驾驶中的方向控制行为。本章的研究成果可以应用到以下领域：

(1)公路和赛道的几何设计。充分了解行驶车辆的轨迹特性是道路几何设计的基础，本书的研究可以计算出与多种典型驾驶习惯相对应的行驶轨迹，从而能够在路线设计阶段详细考虑驾驶人的方向控制行为特性。

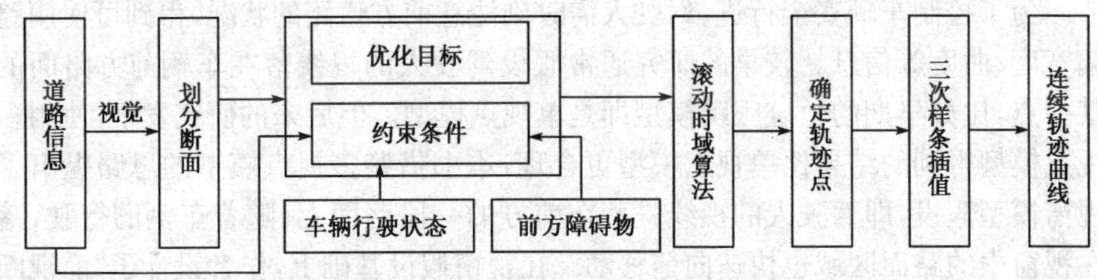

图 4-3 汽车行驶轨迹优化的计算过程

(2)公路危险位置判别。通过观察弯道线形与行驶轨迹之间的吻合度，能够辨识出容易驶离路面的位置，通过分析不同驾驶模式轨迹之间的离散度，可以识别出行车冲突区域，从而有针对性的设计交通安全设施或是改进道路几何设计。

(3)行驶速度预测。目前的速度预测模型都是以弯道半径为自变量，但实际上与速度关系更密切更直接的是轨迹曲率。本书的方法可以决策出行驶轨迹和轨迹曲率，进而计算出行驶速度。

(4)车辆行驶仿真。前文多次提到车辆在跟随阶段需要预先提供一条期望轨迹，本书的研究正好满足这一要求。

(5)车辆智能驾驶。目前的自动巡航大都是针对城市道路或是平缓地形的公路，而本书的研究可以计算出任意复杂山区公路的行驶轨迹，将其作为车辆跟踪的目标轨迹，即可引领车辆在复杂山路上安全自动行进。

4.2 “前视断面选点”的轨迹生成策略

作为大脑高度发育、能够进行复杂思维活动的人类，在面临多种可能时，必然要在权衡利弊后作出选择，这一过程通常也称为决策。一个人完成决策所需的时间，一方面取决于所遇问题的复杂程度(是否能迅速预见各种选择的后果)，另一方面还与其对问题的熟悉程度密切相关，即使是复杂问题，如果我们经常面对，选择就会变得容易并且会逐渐的固定下来，即重复性的选择会形成行为偏好或是习惯。人类在进行交通活动时同样发生着决策行为，哪怕是步行——如果人行道较宽阔，有的人选择走在路中间，一些人会靠近路的一侧，还有一些会紧贴路缘行走。在使用交通工具时，人们在选择的同时还会考虑到工具特性，比如自行车/摩托车/汽车的行驶特性。但不管如何，其选择过程都是一直存在的。因此，驾驶人操纵汽车在道路上行进时，面对前方相对车身宽度有很大盈余的可使用路幅，必然存在下一时刻汽车横向位置的选择问题，只有完成这一步骤，才能决断出下一时刻该如何控制转向盘。

为了控制车辆安全行进，驾驶人需时刻注意前方道路的状况，得到可使用路幅宽度、曲度等信息。较早的研究通常假设驾驶人的视线落在车辆前方路面的某一点，比如早期的轨迹跟踪模型即是单视点模型。但后来的研究发现，使用多视点模型得到的结果比单视点模型更合理，本书借鉴多视点模型的思路提出了视窗模型假设，即驾驶人的视线是落在前方的一段路面上，随着车辆的行驶，落在视窗中的路面区域也快速向前移动。在视窗假设基础上，作者设计了"前视断面选点"策略，如图 4-4 所示。

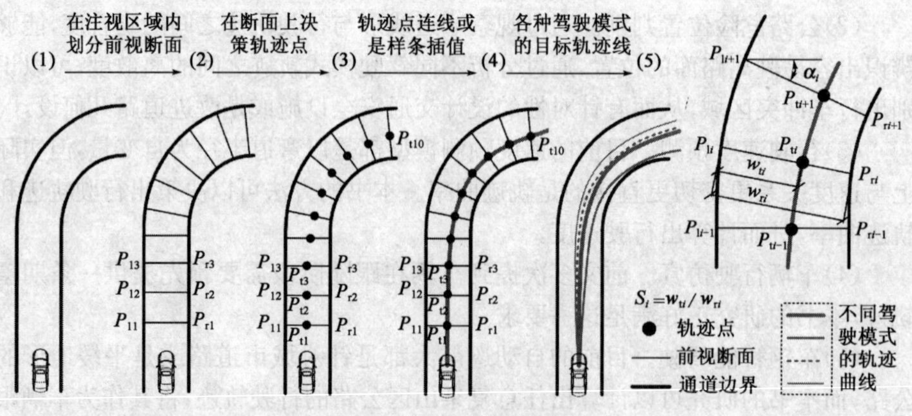

图 4-4 "前视选点"计算策略

虽然车辆在视窗区域内的行驶是一连续过程，但在实际处理上却可以将其离散化，这里是按一定的间隔将视窗路面进行分割，将每一个横割线（前视断面）看作是候选轨迹点的集合，驾驶人要做的是在每个横割线上选择一个点 P_{ti}，作为车辆驶过该断面时的横向期望位置。横割线的间隔设置要考虑视距、路线平均曲率和路幅宽度因素，而这 3 个因素都与道路设计速度密切相关。在设计速度较低时，比如 V_d＝20～30km/h，最小平曲线半径可以低至 15～30m，曲率变化非常大弯道长度也很短，必须设置非常短的间隔才能对弯道几何特性进行准确刻画，因此断面间距一般不应高于 5m。而设计速度为 100～120km/h 时，弯道半径一般在 600m 以上，曲率非常缓和，并且弯道通常足够长，因此 20～30m 的间隔已经能够充分描述弯道特性。至于弯间的直道，可以使用与弯道相同的处理办法，这是因为设计速度较低时，线形比较琐碎，弯间直线通常也不会很长；而设计速度较高时公路线形舒缓，断面间距可以设得很大，因此不管设计速度高低，直道上的前视断面数量都不会太多。

图 4-4 中的 P_{li}、P_{ri}分别是横割线与左右两侧路幅边线的交点，P_{ti}是在线段 $P_{li}P_{ri}$之上。因此可以用 P_{ti}在 $P_{li}P_{ri}$上的滑动来描述不同的轨迹选择行为，比如点 P_{ti}滑至中间可表示路幅居中行驶，P_{ti}逐渐滑动至弯道内侧表示切弯行驶等。对于避让行驶也是如此，使用不同的选点策略可以实现紧急避让和正常避让的描述。

本书假设作为输入的道路几何信息是已知的，比如以线形要素形式或以三维/二维坐标形式存储于网络“数字公路库”、车载电子地图或是导航地图中。那么，任意横割线的两个端点 P_{li}和 P_{ri}的平面坐标可以由线形要素结合路幅宽度值计算得到（已知线形要素），或是对路幅边界坐标数据插值得到（已知坐标数据）。因此，P_{ti}的滑动行为和滑动后的位置可以用一个比例系数 S_i 唯一的确定下来，S_i 表示为：

$$S_i = \frac{w_{tri}}{w_{di}} \tag{4-1}$$

式中的 w_{tri}为轨迹点 P_{ti}与横割线右侧端点 P_{ri}之间的距离，w_{di}为轨迹点 P_{ti}所在位置的路幅宽度值，如图 4-4 所示。那么，P_{ti}的平面坐标可以由下式计算得到：

$$x_{pti} = x_{pri} + w_{di} \cdot S_i \cdot \cos\alpha_i \tag{4-2}$$

$$y_{pti} = y_{pri} - w_{di} \cdot S_i \cdot \sin\alpha_i \tag{4-3}$$

其中 α_i 为断面 $P_{li}P_{ri}$与大地坐标系 X 轴的夹角。因此，只要视窗区域内各个横割线的比例系数 S_i 确定下来，期望轨迹便随之确定下来。下面 4.3 节（优化目标）、4.4 节（约束条件）所研究的便是如何确定 S_i，以得到符合驾驶人习惯且满足道路限制与车辆行驶特性要求的行驶轨迹。

4.3　行驶轨迹决策目标

根据前面的分析可知，虽然要受到诸多因素的限制，轨迹点的确定首先仍是驾驶人的一种选择行为，而在背后支配这种选择行为的，必然是使其受益的目标。很多驾驶人（比如赛车手、侵犯型驾驶人、职业驾驶人）在选择轨迹时目标明确单一。但也有一些时候，驾驶人需要在多个目标之间进行权衡和折中。为此，本节首先建立能够对典型驾驶行为模式进行描述的目标函数，然后阐述在将多个目标进行组合时，如何对目标函数进行归一化以及如何确定权重系数。通过实测，以下 4 种典型模式和 1 种混合模式基本能够涵盖山区公路的方向控制行为。

4.3.1　轨迹最短（距离最优）

“抄近路”是人们在趋利原则驱使下的一种本能表现。抄近路意味着减少消耗，并且尽快到达(虽然事实上可能并非如此)。因此这种行为常发生在执行工作以及处理个人事务时，并可见于各种交通方式，比如我们经常看见有行人过马路时不走人行横道而是直接跨越中间栅栏，或是不走弯曲小径而从草坪上踏过。对于公路上的车辆驾驶而言，抄近路都是发生在弯道上，表现为轨迹紧贴弯道内侧，并形成了事实上的“切弯”效果，如图 4-5 中的前 3 种情况。车辆在左转弯上行驶时，在曲中位置轨迹点可以向弯道内侧移动更大的距离，轨迹的拉直效果相比右转弯(同一个弯道，对于另一个行驶方向来讲即是右转弯)更明显，因此轨迹最短目标函数的优化效果显著。

轨迹最短并不等同于行驶时间最短，比如图中第 4 种的大转角的急弯行驶情况，由于曲线行驶过程较长，紧贴弯道内侧并不会起到“切弯”效果，反而会使轨迹半径减小，导致曲线行驶速度降低，因此通过时间反而会延长。根据图 4-4、图 4-5，很容易得行驶轨迹最短目标下的优化函数，如下式：

$$\min f_{01} = \sum_{i=1}^{n-1} P_{ti}P_{ti+1} \tag{4-4}$$

其中 $P_{ti}P_{ti+1} = [(x_{pti} - x_{pti+1})^2 + (y_{pti} - y_{pti+1})^2]^{0.5}$

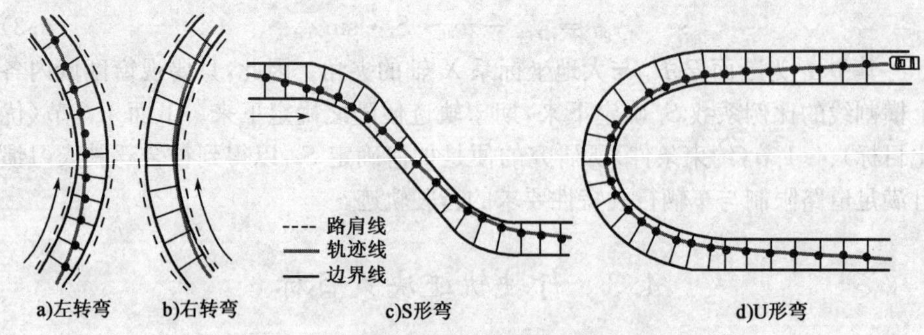

图 4-5　执行轨迹最短目标时得到的轨迹点

4.3.2　轨迹曲率最小(时间/加速度/制动/发动机转速最优)

对于职业赛车手和赛车爱好者，高速过弯能给他们带来极大的满足感，这类驾驶人的特点是熟悉车辆构造、精于操控，并总是尝试将道路的几何特性与路表特性使用到极限，比如在遇到 20m 半径的急弯时，技巧纯熟的车手可以很容易通过优化轨迹把实际的过弯轨迹半径放缓到 35～50m 或是更多，从而大幅提高过弯速度，最终达到行驶时间最短的目标(时间最优)。

而对于职业驾驶人，比如营运车辆驾驶人以及一部分对车辆性能比较熟悉且又比较爱惜车辆的普通驾驶人，他们希望在驾驶过程中尽量减少车辆元件的磨损，因而特别注意自己的驾驶行为。在过弯时如能降低行驶轨迹曲率，则可以减少进弯时制动器的使用频率和使用程度，这样既可以延长摩擦衬片的使用寿命，又可以避免反复制动带来的衬片过热（制动最优）。

车辆特别是大型车辆在过弯时，车身的平转会增加额外的功率消耗，因此，若要维持一定的过弯速度必须提高发动机转速，由此产生的负面作用一是会产生很大的噪音，二是会增加发动机运动部件比如缸套、曲轴以及活塞的磨耗。如果能将轨迹曲率降下来，则可以有效控制发动机转速的增加（发动机转速最优）。

如果行驶轨迹是一条直线，驾驶人可以一直维持恒速行进，那么纵向加速度和横向加速度都不会发生，因而没有额外的力作用在驾乘人员身上，这样的旅行显然是最舒适的，这也解释了旅行/营运大客车为什么喜欢定速巡航的原因。由于曲线行驶会产生进弯减速度、出弯加速度以及侧向加速度，导致不舒适的行驶感受，因此，选择一个较大的轨迹半径，显然可以增加旅途中的行驶舒适性（加速度最优）。

轨迹曲率最小主要是通过放缓弯道行驶时的轨迹半径来实现，如图 4-6 所示是使用该目标得到的轨迹点。对于转角不大且半径较小的单个弯道，曲率最优与距离最优之间差异很难被发现，轨迹都是在曲中位置向弯道内侧靠拢。但在大转角弯道上，二者的差别非常明显，使用曲率最优目标时，轨迹在弯道进口端和出口端都是尽量靠近外缘，以舒缓曲中位置的轨迹曲率，如图 4-6 中的 a) 图；相比之下，轨迹最短目标对应的行驶轨迹则是在一进弯时便贴向弯道内侧，轨迹曲率半径反而更小。图 4-6b) 的情况显示了对于相隔较近的两个同向曲线，为了减小过弯时的轨迹曲率中间的直道宽度也得到了充分的利用。

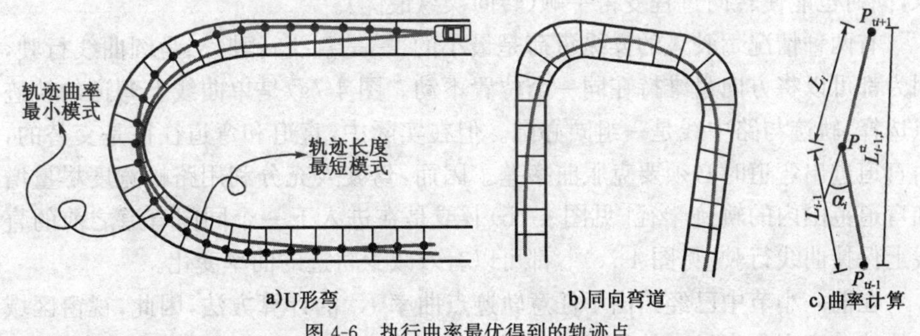

图 4-6　执行曲率最优得到的轨迹点

任意轨迹点 P_{ti} 对应的曲率，可用图 4-6c) 中的方法计算得到，首先求出 P_{ti} 位置的轨迹偏转角 α_i：

$$\alpha_i=(L_{i-1}^2+L_i^2-L_{i,i-1}^2)/2\cdot L_i\cdot L_{i-1} \tag{4-5}$$

$$L_{i-1}=[(x_{\text{pt}i-1}{}^2-x_{\text{pt}i}^2)+(y_{\text{pt}i-1}-y_{\text{pt}i})^2]^{\frac{1}{2}} \tag{4-6}$$

$$L_i=[(x_{\text{pt}i}-x_{\text{pt}i+1})^2+(y_{\text{Pt}i}-y_{\text{Pt}i+1})^2]^{\frac{1}{2}} \tag{4-7}$$

$$L_{i,i-1}=[(x_{\text{pt}i-1}-x_{\text{pt}i+1})^2+(y_{\text{pt}i-1}-y_{\text{pt}i+1})^2]^{\frac{1}{2}} \tag{4-8}$$

由于曲率 K_i 是轨迹在点 P_{ti} 的偏转所引起，因此，根据曲率的定义在 L_i 比较小时(对于公路行驶轨迹问题的性质，我们设置的横断面间距完全可以满足要求)，P_{ti} 点处的轨迹曲率可以用下式算得：

$$K_i=\frac{\mathrm{d}\theta}{\mathrm{d}L}=\frac{\alpha_i}{L_i} \tag{4-9}$$

因此，轨迹总曲率最小的目标可以表示成：

$$\text{Min } f_{02}=\sum_{i=2}^{n-1}K_i=\sum_{i=2}^{n-1}\frac{\alpha_i}{L_i} \tag{4-10}$$

4.3.3 轨迹曲率变化率最小(转向操纵最优)

转动方向盘，将车辆控制在可行驶的路幅宽度之内，是驾驶人在公路上行车时的一个主要工作内容。在线形复杂的公路上，连续不断的行驶方向调整会使技术不熟练的驾驶人疲于应付，如果能在尽量长的行驶距离内维持方向盘不动，或是少转动，显然能够降低行驶过程中的驾驶负荷。驾驶人转动方向盘的目的是调整轨迹的曲率以适应路面几何形状在空间上的变化。因此，在选轨迹点时，如能将相邻轨迹点的曲率变化控制在最小，自然能够减少对方向盘角输入的要求，同时也能使转向过程变得平顺(转向操纵最优)。

有两种情况驾驶人的操纵负荷是最小的，一是直线行驶，二是圆曲线行驶，因为都可以将方向盘维持在同一个位置不动。图 4-7a)是单曲线上弯道的轨迹点选择，轨迹与路中线是一组同心圆。但在实际中，直道和弯道往往是交替的，由直道进出弯道时必须要克服曲率差。因而，驾驶人充分利用路幅宽度尽量增加弯道范围内的轨迹半径[见图 4-7b)]，或是在进入下一个同向弯道之前的直线上保持曲线行驶[见图 4-7c)]，都可以有效减少轨迹的曲率变化。

在前一小节中已经给出了任意轨迹点曲率 K_i 的计算方法，因此，视窗区域内轨迹曲率变化率最小的目标函数可表示为：

$$\text{Min } f_{03}=\sum_{i=3}^{n-2}|K_{i+1}-K_i| \tag{4-11}$$

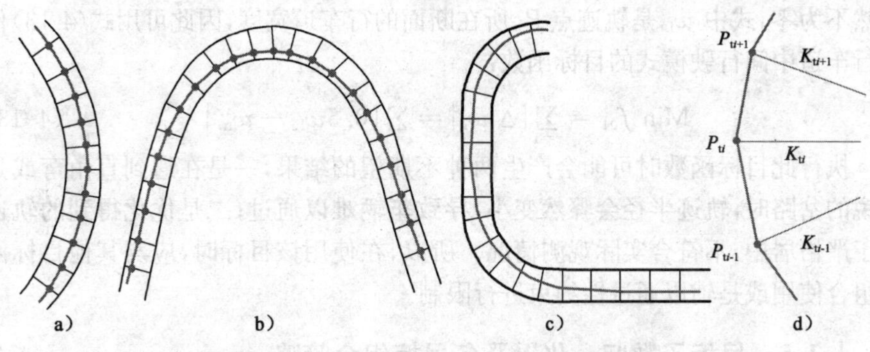

图 4-7　执行轨迹曲率变化率最小目标时的轨迹点

4.3.4　行车道居中行驶(安全最优)

对于一部分驾驶人来讲,安全在任何时候都是第一位的。因此,在公路上行驶时,他们最愿意将车辆控制在行车道中间,这样可同时保持与右侧路缘和左侧对向来车的侧向安全距离。虽然在实际的轨迹观测中,此类驾驶人比例一般低于10%,但由于是交通管理部门所尽力提倡的驾驶方式,仍将其作为一种典型的方向控制模式。根据图4-8,当车辆居中行驶时,轨迹点位于路中线和右侧路缘线的中间(以最常见的双车道公路行驶为例),而偏离该位置时,下式:

$$\Delta w_i = \frac{1}{2} w_{\mathrm{L}i} - w_{\mathrm{tr}i} \tag{4-12}$$

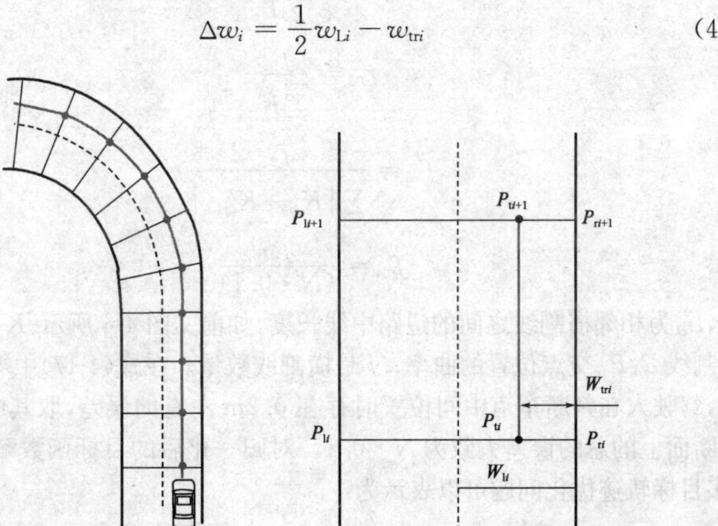

图 4-8　车道中间行驶目标与计算方法

必然不为零，式中 w_{Li} 是轨迹点 P_{ti} 所在断面的行车道宽度，因此可用式(4-13)作为行车道中间行驶模式的目标函数：

$$\text{Min } f_{04} = \sum_{i=1}^{n} |\Delta w_i| = \sum_{i=1}^{n} |0.5w_{Li} - w_{tri}| \tag{4-13}$$

执行此目标函数时可能会产生两种不期望的结果，一是在遇到直角弯或是尖锐的岔路时，轨迹半径会骤然变小，导致车辆难以通过；二是优化得到的轨迹过于严格居中，不符合实际观测情况。所以，在使用该目标时，应与其他目标函数组合使用或是辅以通过性约束进行限制。

4.3.5 目标函数归一化以及多目标组合策略

前面 4 个小节已经阐述了 4 种典型轨迹点决策目标以及与之对应的驾驶模式。但在实际观测中，我们发现还有相当一部分驾驶人操纵车辆时的行驶轨迹具有混合特征，比如一些小客车虽然是在车道内行驶，但在进入弯道时的轨迹仍具有内倾或是外倾特征，而使用多目标优化正好可以描述这种行为。

由于执行各目标时得到的函数值具有不同的量纲，在组合前应进行归一化处理，使目标值在同一个数量级之内。本书使用下式对 $f_{01} \sim f_{04}$ 归一化，之后得到 $f'_{01} \sim f'_{04}$ 如下：

$$f'_{01} = \frac{f^0_{01}}{\sum_{i=1}^{n-1} L_{ci}} \tag{4-14}$$

$$f'_{02} = \frac{f_{02}}{\sum_{i=2}^{n-1} K_{ci}} \tag{4-15}$$

$$f'_{03} = \frac{f_{03}}{\sum_{i=2}^{n-2} |K_{ci} - K_{ci+1}|} \tag{4-16}$$

$$f'_{04} = \frac{f_{04}}{(N \cdot 0.1)} \tag{4-17}$$

式中，L_{ci} 为相邻横割线之间的道路中线长度，如前文图 4-4 所示；K_{ci} 为道路中线与横割线 $P_{li}P_{ri}$ 交点位置的曲率；N 是横割线数量。在式(4-17)中 $N \cdot 0.1$ 的含义是，驾驶人在判断车道中间位置时存在 0.2m 左右的误差，取其中间值，N 个行驶断面上的总的误差大致为 $N \cdot 0.1$。对归一化后的目标函数赋予一定的权重，多目标轨迹优化问题可以表示为：

$$\text{Min } f_{05} = \beta_1 f'_{01} + \beta_2 f'_{02} + \beta_3 f'_{03} + \beta_4 f'_{04} \tag{4-18}$$

式中，$\beta_1 \sim \beta_4 \geqslant 0$，是权重系数，其取值随不同的驾驶行为而变化，但需满足 $\beta_1 + \beta_2 + \beta_3 + \beta_4 = 1$。

需要说明的是，在使用优化目标 1～4 时，驾驶人可占用的路幅宽度可以根据需要和实际的行车环境自行设置，比如在车流极少的山区公路上，可以取整幅路面宽度；中低交通量时，可以取车道宽度加上一侧硬路肩宽度再加上一部分对向车道宽度，因为一部分驾驶人会占用对向车道 0.5～1.5m；当然，在严禁跨越路中线的场合可以只取行车道宽度；而当行驶场合为 F1 赛道或是公路时，取整幅路面宽度。

4.4　行驶轨迹约束条件

前面一节主要是对驾驶人的方向控制行为进行描述，得到与典型驾驶习惯相对应的决策目标。在真实世界中，为了保证行车安全，驾驶人操纵车辆在路上行驶时还要受到诸多因素的限制，其中最主要的约束来自于以下几个方面：路幅几何界限、车辆行驶稳定性、通过性以及障碍物避让。

4.4.1　路幅几何边界

很明显，在行驶过程中驾驶人必须确保车辆在任何时候都要位于可使用路幅边界之内。由于轨迹一般情况下是指车辆几何形心的运动轨迹，本书也是采用此种定义，而车身具有一定的宽度。因此，为了保证车体不越出路幅边界，应该在路幅宽度中扣除掉车宽，如图 4-9 所示。

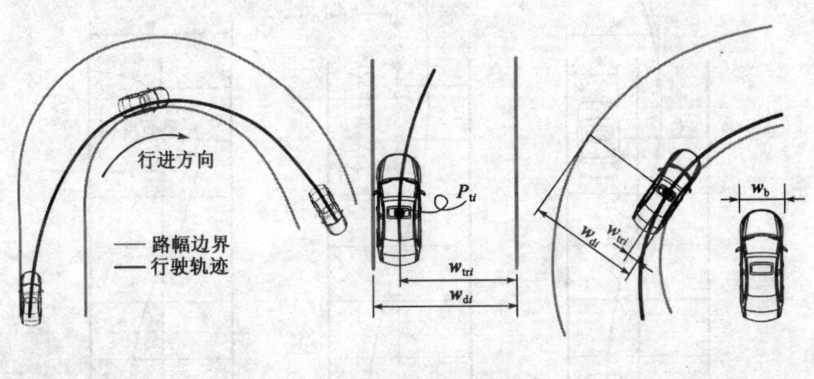

图 4-9　路幅几何边界约束

当车辆紧贴路幅左侧边界时，决策变量 S_i 的值为：

$$S_i^1 = \frac{w_{tri}}{w_{di}} = \frac{(w_{di} - w_b)}{w_{di}} = 1 - \frac{w_b}{w_{di}} \tag{4-19}$$

而当车辆紧贴路幅右侧行驶时，S_i 的值为：

$$S_i^2=\frac{w_{\text{tr}i}}{w_{\text{d}i}}=\frac{w_{\text{b}}}{w_{\text{d}i}} \tag{4-20}$$

因此，若要保证车辆行驶在可使用路幅边界之内，决策变量 S_i 应满足的约束条件为 $S_i^2\leqslant S_i\leqslant S_i^1$，即

$$\frac{w_{\text{b}}}{w_{\text{d}i}}\leqslant S_i\leqslant 1-\frac{w_{\text{b}}}{w_{\text{d}i}} \tag{4-21}$$

4.4.2 障碍物避绕

在实际行驶过程中，驾驶人会遇到各种情况而被迫进行轨迹调整，比如前方有慢行车辆、路边停车、维修作业区等。这时需进行换道操作或是避让障碍物之后再回到原来的车道，如图 4-10 所示。这类问题的特点是前方的可使用路幅宽度发生改变。为了使车体不与障碍物发生刮擦，应满足 $w_{\text{tr}i}\geqslant w_{\text{b}i}+w_1$，因此，可得到避让行驶工况时决策变量 S_i 的约束条件：

$$S_i=\frac{w_{\text{tr}i}}{w_{\text{d}i}}\geqslant\frac{(w_{\text{b}}+w_1)}{w_{\text{d}i}} \tag{4-22}$$

还有一种情况，就是道路被障碍物封死，车辆无法继续通行，比如落石或是滑坡、横在路面上的事故车辆等。这时，可使用路幅宽度小于车身宽度，如图 4-10c）所示。因此，在侦测到剩余宽度 $w_2\leqslant w_{\text{b}}$ 时，停止轨迹优化过程。

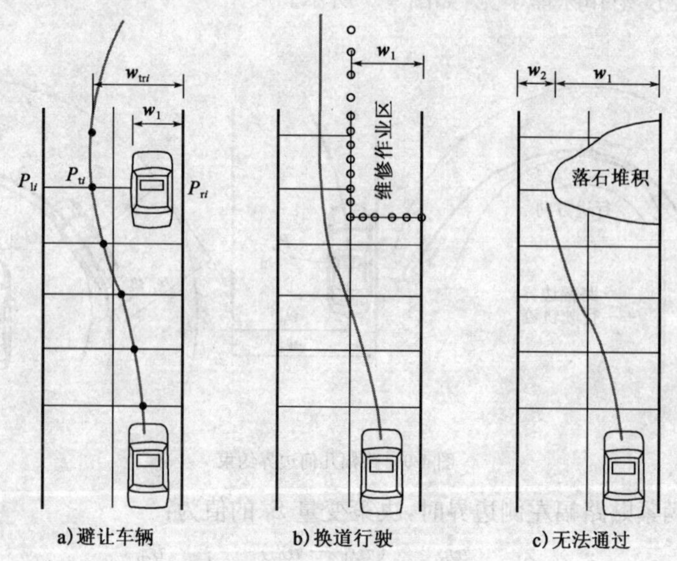

图 4-10　前方障碍物的避绕

4.4.3　弯道通过性约束

为了保证路面结构的使用寿命，公路管理部门对车辆单轴轴载作出了明确限制，这种情况下，增加载货能力的解决方法就是增加轴数，因此车身越来越长，比如平板挂车的长度一般在 17.5～20m，一些轿运车甚至长达 25m。这些超长车辆的转弯半径一般在 18～22m 甚至更高，而三、四级山区公路的曲线半径可低至 15m，内侧车道的转弯半径则往往不足 13m。

因此，在针对超长车辆进行轨迹优化时要充分使用路幅宽度，最大程度地舒缓轨迹曲率，达到轨迹半径高于车辆最小转弯半径 R_{T} 的要求，才能使车辆顺利通过弯道。相比之下，小客车的转弯半径通常很小，但遇到直角弯或是尖锐岔路时，为保证行驶安全也需进行通过性检验。

由于曲率的倒数即是半径，因此轨迹点 P_{ti} 的通过性约束可表示成：

$$R_i = \frac{1}{K_i} > R_{\mathrm{T}} \tag{4-23}$$

4.4.4　侧向行驶稳定性约束

要顺利到达目的地，显然要保证车辆的侧向稳定性。因此，在车辆即将进入曲线行驶状态时或是前方有慢性车辆需要避让时，驾驶人必然要结合车辆速度 V（预期的弯道通过速度或是避让速度），对所选择轨迹上的车辆行驶状态进行预测，判断自己是否有能力完成对期望轨迹的跟踪，然后再对轨迹曲线作出调整。

(1)侧倾稳定性

对于重心相对较高的车型，比如重载货车、大客车和面包车，曲线行驶时侧向失稳主要表现为侧翻。在临界状态时，位于曲线内侧的车轮即将抬起，车辆以外侧车轮为支点向曲线外侧倾倒。如图 4-11 所示，此时的力学状态方程为：

$$F_y \cdot H = G \cdot 0.5 \cdot L_{\mathrm{b}} \tag{4-24}$$

式中，$F_y = a_y \cdot M, G = M \cdot \mathrm{g}, a_y = V^2 \cdot K_i$，$M$ 为汽车总质量，g 为重力加速度，代入式(4-24)并进行整理，可得到：

$$V^2 \cdot K_i \cdot H = 0.5 \cdot \mathrm{g} \cdot L_{\mathrm{b}} \tag{4-25}$$

如果要满足侧倾稳定性，等式的左边显然应小于右边，因此可以得轨迹点 K_i 的约束条件，即

$$K_i < \frac{0.5\mathrm{g} \cdot w_{bi}}{(V_i^2 \cdot H)} \tag{4-26}$$

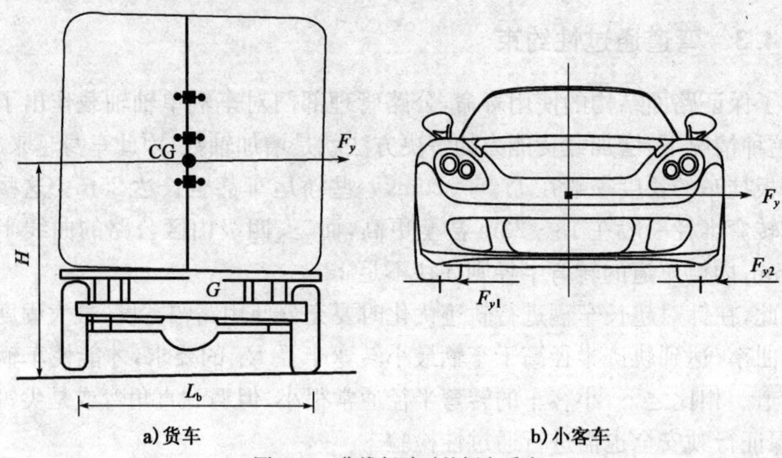

图 4-11 曲线行驶时的侧向受力

(2)侧滑稳定性

对于小客车来讲(除面包车之外的小客车,比如三厢或两厢的小轿车、越野车、SUV 等),由于重心非常低,其侧向失稳几乎都是以侧滑形式表现出来。在临界状态时,离心力与路面横向附着相等,因此若要保证不出现侧滑,须满足 $F_y < F'_y = F_{y1} + F_{y2}$,即

$$a_y M < Mg \cdot f \tag{4-27}$$

式中,f 为公路或是赛道的路面摩擦系数,将 $a_y = V^2 \cdot K$ 代入上式,整理后得到轨迹点 K_i 的约束条件:

$$K_i < \frac{gf}{V^2} \tag{4-28}$$

4.5 轨迹点求解算法以及轨迹样条生成

根据前文的描述,决策变量 S_i 与第 i 个横割线上的轨迹点 P_{ti} 是一一对应的,在 S_i 确定下来之后,轨迹曲线便可唯一地确定下来。由于在所提出的 4 个目标函数中的前 3 个以及 4 个约束条件中的中间 2 个均含有非线性函数,且 S_i 可在 0~1 的范围内连续取值,所以,本书的轨迹优化是一个典型的多目标非线性连续优化问题。如前文所述,通过对加权目标函数中各权重系数进行不同取值便可追求不同的优化目标,即反映不同的驾驶行为,基于此,我们只需开发一种可解决上述所描述的多目标轨迹优化问题的求解算法即可实现上述各个单目标和多目标下的轨迹优化。

4.5.1　滚动时域算法

尽管所提出的模型带有比较复杂的非线性目标函数和非线性约束条件，现阶段的商业优化求解器(诸如 LINGO)仍然具备直接求解小规模问题的能力(即里程为 500m 以内的道路)，但是对于短则数公里长则数十公里的大规模问题，使用商业优化求解器却很难在较短时间内找到满意解，所以，需根据问题的性质和特点设计更为有效的求解算法。考虑到轨迹点的选择是在驾驶人的视窗范围内进行，而视窗又随着车辆的行驶而向前移动，我们可将原问题分解为若干个相互关联的子问题，即将实际的长里程道路分割为若干前后衔接的短里程道路，然后，再使用商业优化器或者设计特别的算法来快速有效地解决各个子问题，从而可有效避免直接求解原问题时需面临的难以收敛甚至是难以找到可行解的困难。为此，本书设计了滚动时域算法。

滚动时域算法是一类将大规模原问题，或虽不确定但可预测原问题按照给定的滚动周期划分为若干个相互关联的小规模子问题，或通过预测获得的确定子问题，并以给定的滚动步长为依据沿着一定的方向滚动，逐步更新和求解各个子问题，直到获得原问题解的优化方法。其中的各个子问题可以采用各种先进的方法进行求解。该算法凭借其在理论体系上的通用性和在子问题求解方法选择上的灵活性，已被广泛应用于诸如机器调度，复杂系统行为预测和状态估计，机器人路径规划、跟踪和控制等领域，并取得了非常不错的效果。接下来将从滚动周期、滚动步长和短里程道路的轨迹优化等方面阐述采用滚动时域算法的实施细节。

(1)滚动周期

滚动周期是滚动时域算法中最重要的一个参数，这里令其为 RC，表示短里程道路所含的断面数量。用此参数可确定在该短里程道路上进行轨迹优化的子问题的断面范围，即若当前优化的短里程道路的起点位于断面 i，那么其终点所在断面的序号应该为 $\min(i+RC-1,\ N)$，也就是说，我们需规划从断面 i 到断面 $\min(i+RC-1,\ N)$ 的道路的行驶轨迹。当 RC 等于 N 时，意味着需一次规划整条道路的行驶轨迹，然而正如前文所说，这样是很难办到的。

从实际角度来看，RC 的取值应跟驾驶人的视窗最远距离有关，根据长安大学潘兵宏的研究结果，当车速在 0～120km/h 范围内时，驾驶人的最远注视距离在 80～710m 内变化。考虑到实际的操作需求，我们将能够对驾驶人轨迹决策行为产生影响的道路区域取为 2 倍停车视距，因此当行驶速度在 20～120km/h 时，远端注视距离为 40～420m。由于这里的 RC 表示的是断面个数，所以 RC

的取值最终跟断面间隔的取值(4～30m)密切相关,一般情况下,RC 的取值范围可为 10～20 个。

另外,RC 的取值还应该与驾驶人的经验和对道路的熟悉程度密切相关。一般来说,驾驶技术越纯熟,注视区域越远,RC 的取值应越大。如果驾驶人经常往返于某条道路,即使视线被阻,视线之外的道路几何特征也会了然于胸,他们会提前做出规划,因此,RC 应取较大的值。还有一些特殊的是驾驶人——赛车手,他们对赛道特性能够了如指掌,所以针对赛道进行轨迹规划时,也应对 RC 取相应较大的值,比如 30～50 个。

(2)滚动步长

滚动时域算法另一个重要的参数是滚动步长,令其为 RS,表示向前滚动的断面数量。假设当前优化的短里程道路的起点断面为 i,在给定滚动周期 RC 的前提下,若 $i+RC-1<N$,意味着还未获得原长里程道路上所有决策变量 S_i 的值,即还没有获得原长里程道路的行驶轨迹,原问题还没有得到完全解决。此时,需要对短里程道路进行更新,从而实现沿着行驶方向滚动。最为简单的方法是直接将当前短里程道路的终点作为下一个短里程道路的起点,即令下一个短里程道路的起点所对应的断面为 $i+RC-1$。

然而由于实际道路结构十分复杂,车辆存在惯性以及运动学上的连续性,该更新方法可能会导致原长里程道路最终的行驶轨迹不平滑,从而有碍于驾驶人操作,且影响其驾驶舒适度和驾驶安全。特别引入滚动步长 RS,满足 $RS<RC$,在需进行道路更新时,令下一个短里程道路的起点所对应的断面为 $i+RS-1$,其终点所对应的断面为 $\min(i+RS+RC-2,\ N)$。很显然,基于 RS 的道路更新方法将使得两相邻短里程道路从断面 $i+RS-1$ 到断面 $i+RC-1$ 的道路部分重叠,通过对这部分重叠道路的行驶轨迹进行再次优化,可使得轨迹更为平滑,从而更大可能地找到上述所追求的目标更优的行驶轨迹。

RS 的取值依赖于 RC 的取值,很显然,RS 的取值越小,获得的原长里程道路行驶轨迹的质量会越高。然而与此同时,决策过程中对行驶轨迹的重复计算次数会越多,计算代价也会越高;相反,当 RS 等于 RC 时,该滚动步长便不再起作用。一般情况下,可取 RS 为 3 到 5 个。

(3)短里程道路的轨迹优化(子问题求解)

尽管在子问题求解方法的选择上具有灵活性,滚动时域算法的性能仍然跟求解分解后所获得的子问题的方法的效率息息相关,这里就是对短里程道路的轨迹优化方法。为此,我们首先尝试了多种现阶段比较流行且在诸多领域应用效果十分良好的超启发式算法,比如微粒群算法和遗传算法。通过实验分析我们发现这2种算法都无法胜任求解任务，主要原因是在上述优化模型中，决策变量 S_i 与各个目标函数和约束条件的关系十分复杂，很难构造一种既满足各个约束条件又使得各个目标尽量优的解编码方法。另外，S_i 只能在0~1范围内取值，也很难设计有效的解进化策略。接下来我们又尝试了采用商业优化器LINGO 11.0作为子问题求解工具，实验结果表明该方法可在较短的时间内获得上述各个目标下的满意行驶轨迹，因此对后续的算例我们都采用了这一方法。

(4)算法步骤

滚动时域算法的主要思路是沿着行驶方向逐步更新和采用优化器LINGO 11.0逐步解决各个按滚动周期 RC 和滚动步长 RS 为确定标准的短里程道路的轨迹优化子问题，直到获得原长里程道路上所有决策变量 S_i 的值为止。该算法的主要求解步骤可描述如下：

step 1：输入算法所需的常量参数 $x_{P_{ri}}$、$y_{P_{ri}}$、w_{di} 和 α_i，加权目标函数 f_{05} 中各子目标的权重系数 $\beta_1 \sim \beta_4$，并转下一步。

step 2：令当前短里程道路的起点断面序号为 $i^*=1$，其终点断面为 $\min(i^*+RC-1, N)$，采用LINGO 11.0求解从断面 i^* 到断面 $\min(i^*+RC-1, N)$ 范围内的轨迹优化子问题，获得决策变量 $\{S_i \mid i=i^*, \cdots, \min(i^*+RC-1, N)\}$ 的值。转下一步。

step 3：初始化表示是否滚动到断面 N 的0-1变量 $z=0$。若 $\min(i^*+RC-1, N)=N$，则令 $z=1$，并转step 6，否则，转下一步。

step 4：令当前短里程道路的起点断面号为 i^*+RS-1，其终点断面号为 $\min(i^*+RS+RC-2, N)$，求解从断面 i^*+RS-1 到断面 $\min(i^*+RS+RC-2, N)$ 范围内的轨迹优化子问题，更新或获得决策变量 $\{S_i \mid i=i^*+RS-1, \cdots, \min(i^*+RS+RC-2, N)\}$ 的值。转下一步。

step 5：若 $\min(i^*+RS+RC-2, N)=N$，则令 $z=1$，并转step 6，否则，令 $i^*=i^*+RS-1$，并转回step 4。

step 6：输出原长里程道路上表示行驶轨迹的决策变量 $\{S_i \mid i=1, \cdots, N\}$ 的值与表示行驶轨迹质量的加权目标函数 f_{05} 的值。

step 7：将 $\{S_i \mid I=1, \cdots, N\}$ 带入式(4-2)~式(4-3)，逐次计算出原长里程道路各前视断面上的轨迹点坐标 $\{(x_i, y_i) \mid I=1, \cdots, N\}$，算法结束。

4.5.2 三次样条连续轨迹

使用前面的方法，已经能够得到符合某种驾驶习惯、适应道路条件限制并满足行驶稳定性要求的轨迹点，用直线依次连接相邻断面上的轨迹点即可得到整条道路的轨迹形状。这样的轨线其实完全满足作为期望轨迹的要求，因为不管是行驶仿真还是真实道路的自动驾驶，车辆所追踪的都是单个或是多个的离散点。单点情况下，目标点在车辆前方的 $L_p = t_p \cdot V$ 处，t_p 为前视时间。而多点跟踪实际上是在前视区域内设置 $n \geqslant 2$ 个目标点，可以是等间距或不等间距。本书算法可以获得车辆前方 10～30 个等间距轨迹点，断面间距 3～30m（曲率越大，间隔越小）时，每完成一次优化得到的轨迹长度为 60～300m，因此完全能够满足车辆跟踪时目标轨迹选点的要求。并且，由于最小断面间隔低至 3m，即使是 20m 半径的急弯，轨迹连线仍看不出有明显的折点存在，如图 4-12a）所示。

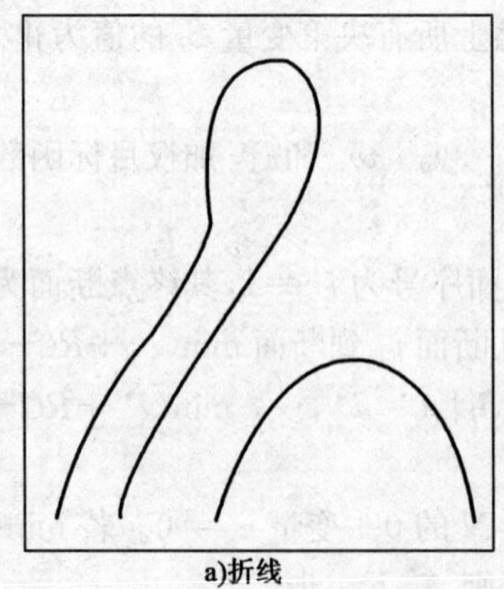
a)折线

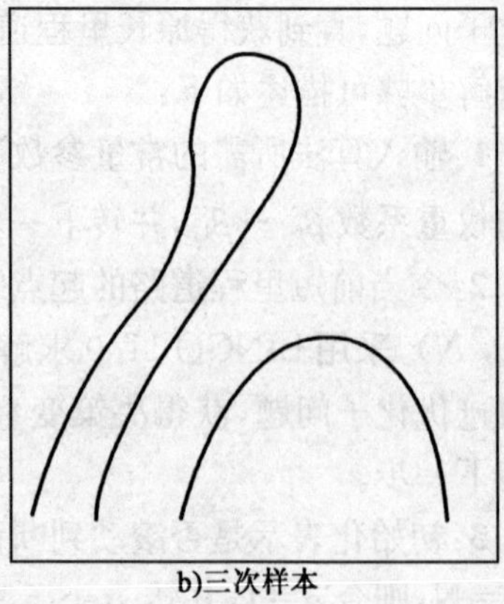
b)三次样本

图 4-12　折线轨迹以及三次样条轨迹

但某些场合显示精度要求非常高，或是要求计算任意位置的轨迹曲率等，仍需获得连续轨迹曲线。这时，可以采用三次样条插值的方法生成光顺的轨线。选择三次样条是因为其具有二阶导数连续的性质，满足汽车行驶轨迹曲率光顺性（曲率变化率连续）的要求。对于相邻两个轨迹点，二维空间的三次样条分段插值函数可表示为：

$$P(x) = a_0 + a_1(x - x_{pti}) + a_2(x - x_{pti})^2 + a_3(x - x_{pti})^3, x \in (x_{pti}, x_{pti+1}) \tag{4-29}$$

常数 a_0、a_1、a_2、a_3 可以通过轨迹点 P_{ti} 和 P_{ti+1} 的坐标及其一阶段导数算得。相邻两段样条曲线在连接点 P_{ti} 处需满足二阶导数连续的条件，以实现行驶轨迹的曲率光顺性质，即

$$P''(x_{pti} - 0) = P''(x_{pti} + 0) \tag{4-30}$$

对于具有 n 个轨迹点的连线，使用上式可以在 $n-2$ 个中间连接点上得到方程，但 $a_0 \sim a_3$ 的确定需要 n 个未知数。这时我们可以利用轨迹的自然边界条

件，得到起点和终点的二阶导数值，从而将方程数量补充至 n 个，即

$$P''(x_{pt1}) = P''(x_{ptn}) = 0 \tag{4-31}$$

在完成矩阵方程的求解之后，每段插值函数的 $a_0 \sim a_3$ 便可确定下来，进而可以得到相邻两轨迹点直至整个路段的光滑轨迹线，如图 4-12b)所示。此时，由于轨迹曲线具有明确的函数形式，任意点位的弯曲程度（曲率 K_i 或是曲率半径 R_i），可以用下式计算得到：

$$K_i = \frac{1}{R_i} = \frac{P''}{(1 + P'^2)^{\frac{3}{2}}} \tag{4-32}$$

4.6 复杂公路/赛道的轨迹仿真算例

本节以 2 条复杂山路和 1 条 F1 赛道为仿真对象来检验前文所描述算法（包括优化策略、目标函数、约束条件、优化算法）的有效性。得到仿真结果后，首先对轨迹几何形状以及拓扑特性进行判别，看其是否达到了事先想要的预期效果，是否能够体现出不同驾驶行为模式的影响，是否与我们平常所见到的各种轨迹类型一致。然后，计算出每种轨迹的技术指标，比如曲率—里程曲线、轨迹长度、轨迹曲率变化率以及侧向位置—里程曲线，同时结合道路几何特性，对驾驶行为及其影响下的轨迹特性进行释读和分析。3 条道路的简要情况分别如下：

(1)道路Ⅰ：四川省射洪至大英公路 K3＋088～K6＋490 段，双车道，路面宽 8m，曲线半径 $R \in [32\text{m}, 450\text{m}]$，平均半径 117.4m，总计 20 个平曲线，平均每千米 5.9 个，从上空俯瞰，呈典型的“猫爪”形状。

(2)道路Ⅱ：四川省紫坪铺水库场内公路 K3＋112～K9＋248 段，双车道，路面宽 11m，$R \in [20\text{m}, 500\text{m}]$，平均半径 139.42m，总计 27 个平曲线，平均每千米 4.4 个。此外，在不到 6.2km 里程内，回头曲线出现有 6 次之多。

(3)道路Ⅲ：铃鹿赛道，这条位于日本大阪和名古屋之间的著名 8 字形赛道宽 9～15m，$R \in [9.37\text{m}, 329\text{m}]$，在总共 22 个弯道中，高速弯道与低速弯道交替出现。为了应付这些弯道，需要不间断的换挡、重踩刹车、全力加速，并需要精细的轨迹控制。

4.6.1 道路Ⅰ

虽然在日常驾驶中有相当一些驾驶人的行为呈混合特征，但实际上，那些典型的驾驶行为却是我们最想了解的，针对道路Ⅰ，我们进行了 3 种驾驶模式的轨迹优化仿真包括两种典型模式和一种混合模式，权重系数的设置情况为，模式Ⅰ：

$\beta^1=[1,0,0,0]$，模式Ⅱ:$\beta^2=[0,1,0,0]$，模式Ⅲ:$\beta^3=[0,0,0.45,0.55]$，分别对应轨迹长度最短(典型模式)轨迹曲率最小(典型模式)以及车道内行驶+转向负荷最小(混合模式)。图 4-13 给出了 3 种模式的轨迹形态、轨迹曲率和轨迹侧向位置的计算结果，从中可以分析驾驶人是如何通过调整/优化轨迹特性来实现预期目标的。由于道路的狭长带状特点，在正常显示比例下难以对轨迹进行分辨。为此，选择其中的 3 个小段放大处理，分别是 C_6～C_9、C_{10}～C_{12}、C_{14}～C_{15}。

先观察 C_6 和 C_9 这两个大转角弯道上的轨迹，能发现当执行轨迹最短目标时，轨迹从 C_5 出来之后以直线形式迅速切向 C_6，然后从 C_6 的内侧驶向 C_7，从 C_8 驶至 C_9 亦是如此，由于轨迹紧贴 C_6 和 C_9 的内侧，其曲率反而要比路中线曲率高。而当执行曲率最小目标时，轨迹在从 C_5 出来之后并不是马上向 C_6 的内侧贴近，而是在进入弯道之前尽量靠向外侧，在快要到曲中位置时才贴近弯道内侧，因而轨迹曲线更加舒缓，表现在曲率图中，C_6 和 C_9 位置的轨迹曲率要低于弯道设计曲率。

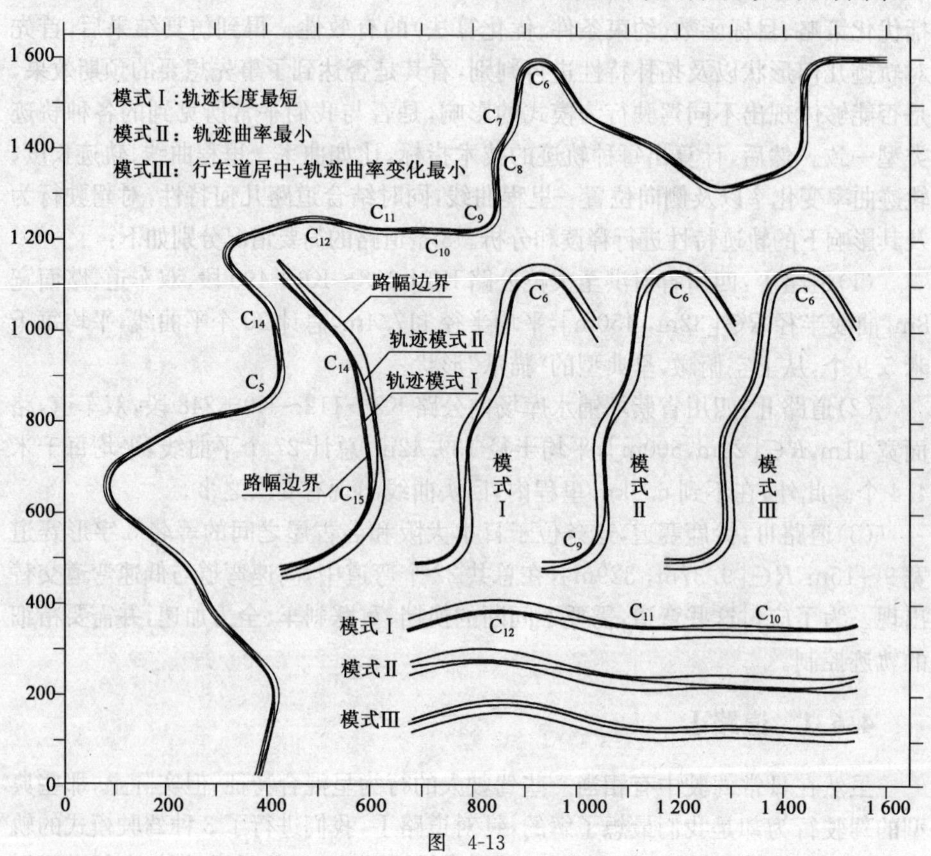

图 4-13

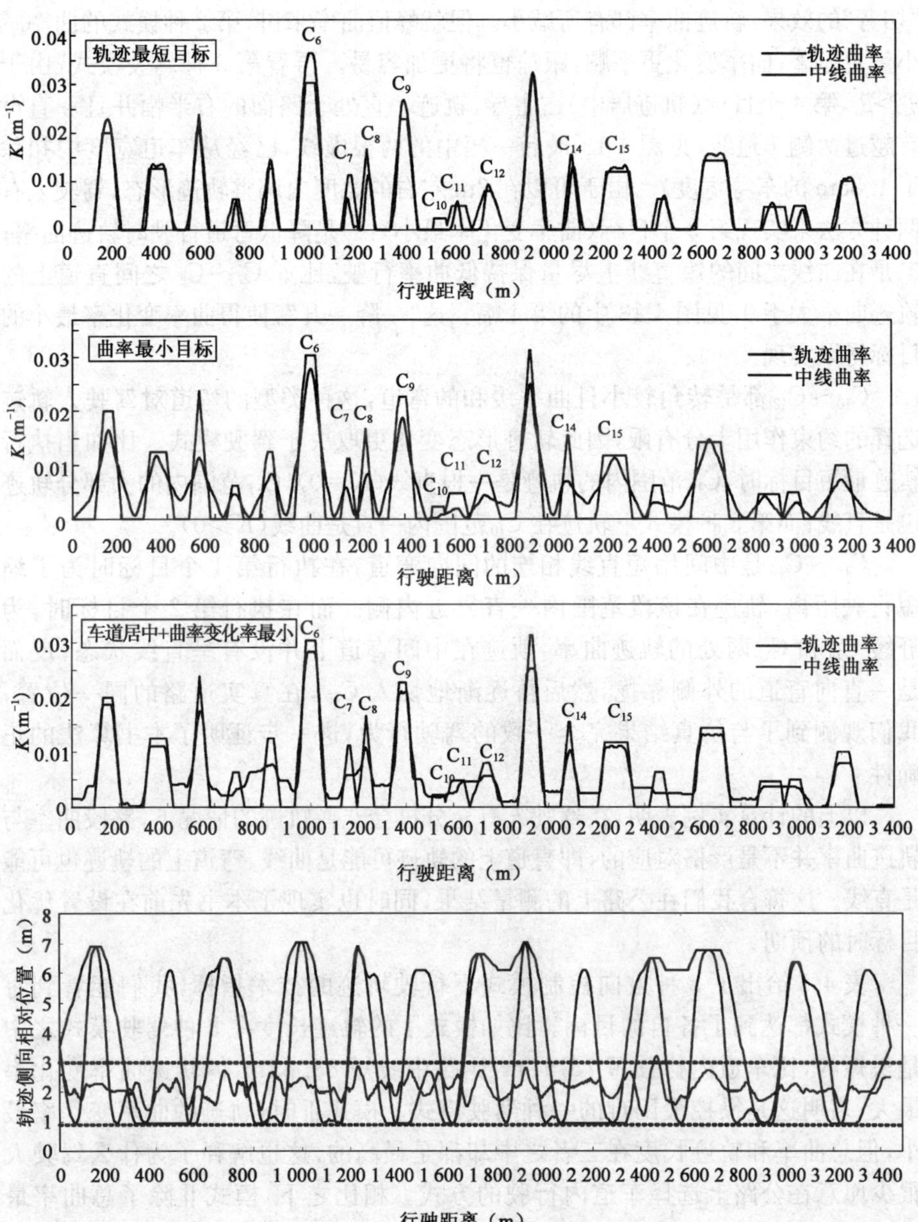

图 4-13　执行不同目标得到的道路Ⅰ行驶轨迹

对于中间的两个小转角弯道 C_7 和 C_8，前两种驾驶模式在事实上都形成了“切弯”的效果，轨迹曲率都有所减小。但就峰值曲率来讲，第 2 种模式的曲率减小量更显著，曲率变化更平顺，跟踪也将更加容易。再看第 3 种驾驶模式，由于 $\beta_4>\beta_3$，第 4 个目标(轨迹居中)占主导，轨迹一直处于路面的右半幅并且一直没有越过两侧车道线(见图 4-13 最后一幅中的两根虚线，已经从车道宽度中扣除了 1.85m 的车身宽度)。由于可以在 2m 左右的宽度内调整轨迹形态，驾驶人有两种方法来实现第 3 个目标(曲率变化率最小)：一是降低弯道行驶时轨迹曲率；二是在曲线之间的短直线上尽量保持低曲率行驶，比如 C_7～C_8 之间直道上的轨迹曲率大于 0，见图 4-13 中的第 4 幅。这“一降一升”，使得曲率变化率最小的目标得以实现。

C_{10}～C_{12} 都是转角较小且曲率缓和的弯道，这种类型的弯道对驾驶人轨迹选择的约束作用十分有限，因此轨迹形态变化更取决于驾驶模式。比如当执行轨迹最短目标时，C_{10} 范围内的轨迹是一根直线($K=0$)，C_{11} 范围内的大部分轨迹也是直线；而第 3 种模式下轨迹在 C_{10} 范围内一直是曲线($K>0$)。

C_{14}～C_{15} 是中间用短直线相连的同向弯道，在执行第 1 个目标时为了缩短行驶距离，轨迹在该段范围内一直靠近内侧。而在执行第 2 个目标时，为舒缓 C_{14} 和 C_{15} 两处的轨迹曲率，轨迹在中间直道上并没有呈直线状态，反而是一直向直道的外侧靠拢，然后再逐渐地切入 C_{15}，在真实道路的同一位置，我们观测到了与仿真结果完全一致的驾驶行为，进一步证明了本书算法的正确性。

以上的计算实例表明，在驾驶人有充分机会选择轨迹的情况下，路段曲率与轨迹曲率并不是严格对应的，即直道上的轨迹可能是曲线，弯道上的轨迹也可能是直线。这符合我们在公路上的测量结果，同时也实现了本书先前在设置优化目标时的预期。

表 4-1 给出了 3 种方向控制模式下行驶轨迹的技术指标，我们能看到每一种模式都达到了各自的目标。比如模式Ⅰ的轨迹长度在 3 种驾驶模式之中是最短的，比车道内行驶短 78.17m，比路中线短 88.33m，但轨迹曲率变化率最大，表明这是操控最困难的一种驾驶模式。模式Ⅲ时，轨迹的曲率变化率最小，但总曲率和轨迹长度在三者之中却都是最高的，这也解释了为什么驾驶人很少愿意在公路上选择车道内行驶的方式。相比之下，模式Ⅱ除了总曲率最小之外，轨迹长度和曲率变化率也明显靠近最低值，因此，必然受到驾驶人的偏爱，或是在混合模式中所占权重最大，进而最终表现为公路上最常见的驾驶行为。

执行 3 种目标得到的轨迹特性　　表 4-1

轨迹模式	轨迹总曲率(1/m)	轨迹长度(m)	曲率变化率
模式Ⅰ	3.895 3	3 357.67	0.110 68
模式Ⅱ	3.500 8	3 388.27	0.076 93
模式Ⅲ	4.657 9	3 435.84	0.064 88
路中线	3.970 1	3 446	0.107 38

4.6.2　道路Ⅱ

用与道路Ⅰ相同的权重系数进行道路Ⅱ上的行驶轨迹决策，3 种模式的轨迹计算结果如图 4-14 所示。我们可以清楚地看到轨迹在每个弯道上的变化，以及同一弯道上三种轨迹之间的差别，而正是由于这种差别，驾驶员才得以实现自己的目标，并表现出不同的驾驶习惯。表 4-2 是 3 种轨迹的技术指标，从中我们

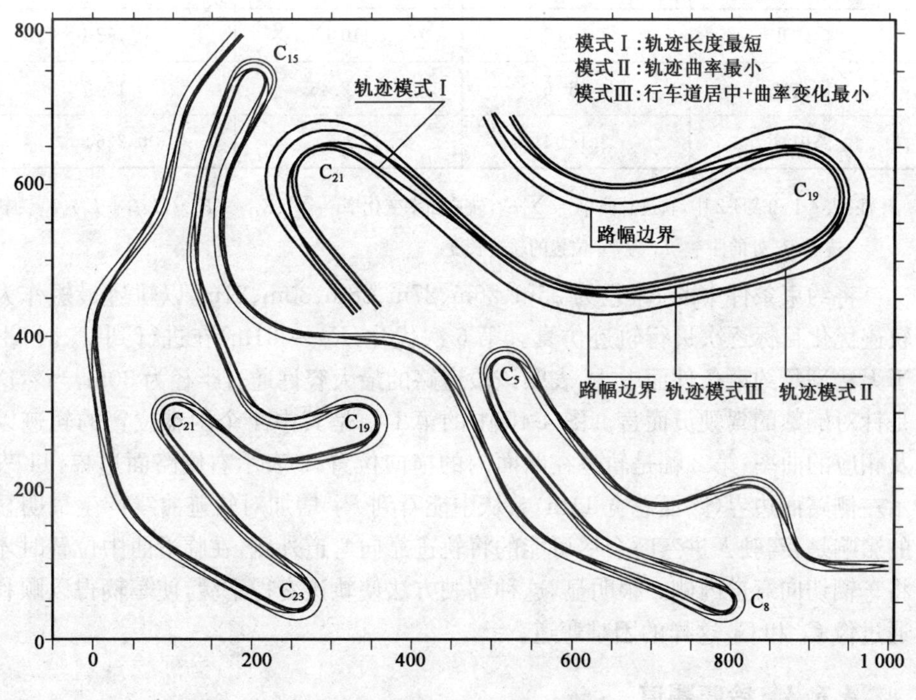

图 4-14　道路Ⅱ上的行驶轨迹

能找到与表 4-1 相同的规律，这表明了本书计算策略目标函数、约束条件与优化算法的有效性和普适性。其中，执行轨迹最短目标所得到轨迹长度竟然比路中线短 207m 之多，这是由于路面较宽加之平均半径偏低，贴近弯道内侧行驶明显降低了轨迹的曲率半径，根据弧长计算公式转角不变时弧长与半径成正比，因此轨迹得以大幅缩短。

标识在图中的 6 个回头弯 $C_5 \sim C_{23}$ 的半径分别为 25m、20m、21m、30m、23m 和 25m，如果是贴近弯道内侧行驶，在扣除掉半幅路面宽度后半径可低至 16m，牵引挂车、平板拖车、轿运车、长厢式货车等超长车辆可能无法通过。因此，为了顺利驶过弯道，驾驶人必须充分使用路幅宽度以实现轨迹半径大于最小通过半径要求。而使用式(4-23)对轨迹点进行约束，可以模拟驾驶员的这一行为。

执行 3 种目标得到的轨迹特性 表 4-2

轨 迹 模 式	轨迹总曲率(1/m)	轨迹长度(m)	曲率变化率
模式Ⅰ	7.876 8	5 041.04	0.238 0
模式Ⅱ	7.353 7	5 110.67	0.162 1
模式Ⅲ	8.366 6	5 212.46	0.154 7
路中线	8.141 4	5 248	0.226 5

注：表 4-1 和表 4-2 中，轨迹总曲率 $=\sum_{i=1}^{n-1} K_i$，轨迹曲率变化率 $=\sum_{i=1}^{n-2}(K_{i+1}-K_i)/(L_{i+1}-L_i)$。$K_i$ 为轨迹点 P_{ti} 处的曲率，L_i 为 P_{ti} 位置的轨迹长度。

将约束条件中的 R_T 设为 25m、26m、27m、28m、30m、31m，以轨迹最短作为轨迹优化目标逐次进行轨迹仿真。第 6 次优化($R_T = 31$m)在进行到 C_8 时，由于无法满足约束条件而中止，表明该段道路的最大容许通过半径为 30m，当然这是针对娴熟的驾驶员而言。图 4-15 中的第 1 幅是其中 4 个困难位置的轨迹以及相应的曲率；第 2 幅是轨迹在路面内的横向位置，0 表示右侧路面边界，11 表示左侧路面边界(路面总宽 11m)。从中能看到 R_T 增加对轨迹曲线产生最明显的影响是，驾驶人进弯时会尽可能的将轨迹靠向弯道外侧，在临近曲中位置时才将车辆切向弯道内侧。很明显，这种驾驶方法使轨迹变得平缓，使车辆得以顺利通过像 C_8 和 C_{15} 这样的困难弯道。

4.6.3 铃鹿赛道

对于 F1 方程式赛车手而言，在最短的时间内完成规定圈数的行驶是其唯

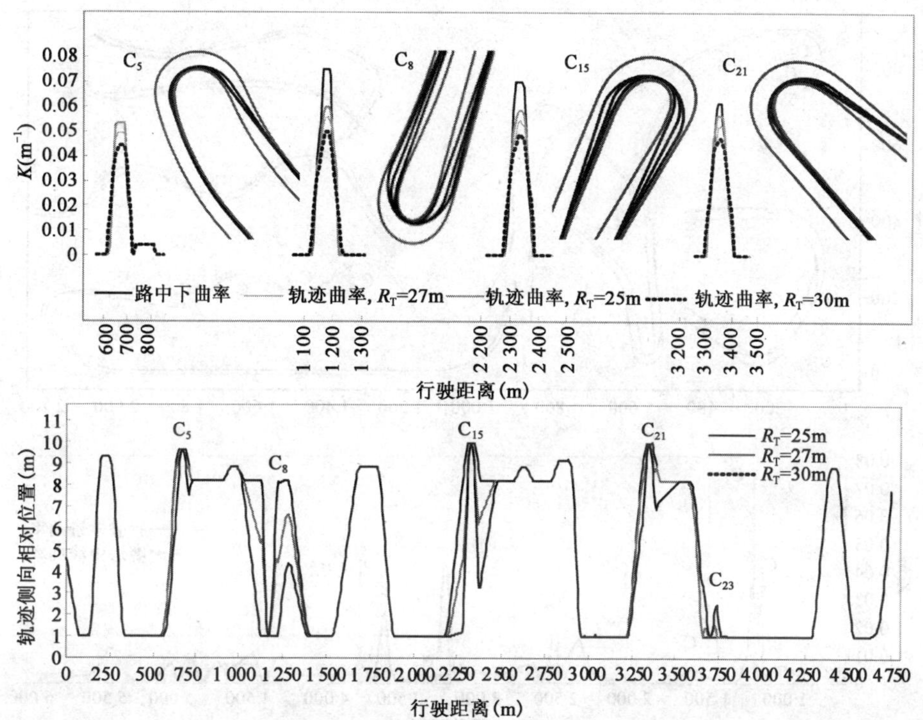

图4-15 最小通过半径分别为25m，27m和30m时的轨迹特性

一的目标。在直道上全力加速必不可少，但更重要的是如何高速过弯。选手只有将路幅宽度使用到极限，最大程度地减少过弯时的轨迹曲率，才能降低弯道上的速度折损。因此，本书的轨迹曲率最小目标最适宜用来描述选手的这种行为。图4-16是用此目标优化得到轨迹及其曲率特性，如果是经常观看F1比赛的读者，能发现图中的轨迹与真实比赛中的赛车轨迹是非常一致的。

从图4-16中可以看到，轨迹曲率与弯道设计曲率相比取得了明显的下降，其中C_3、C_5和C_{14}的降低幅度超过一半以上，C_2、C_8和C_{13}位置的曲率降幅也很明显。观察图中经过放大的轨迹曲线，可以了解到赛车手为了获得最大的通过半径是如何选择行驶轨迹的。同时还能发现，这些轨迹曲率下降显著的位置都具备小半径连续弯道的特征，尽管有些是同向的还有些是反向的。C_{16}～C_{20}虽然也是连续弯道，但由于半径较大，轨迹调整未取得明显的效果，但由于是连续的反向弯道，却在一定程度上缩短了行驶轨迹的长度，综合来看，选手还是能取得很大的益处。

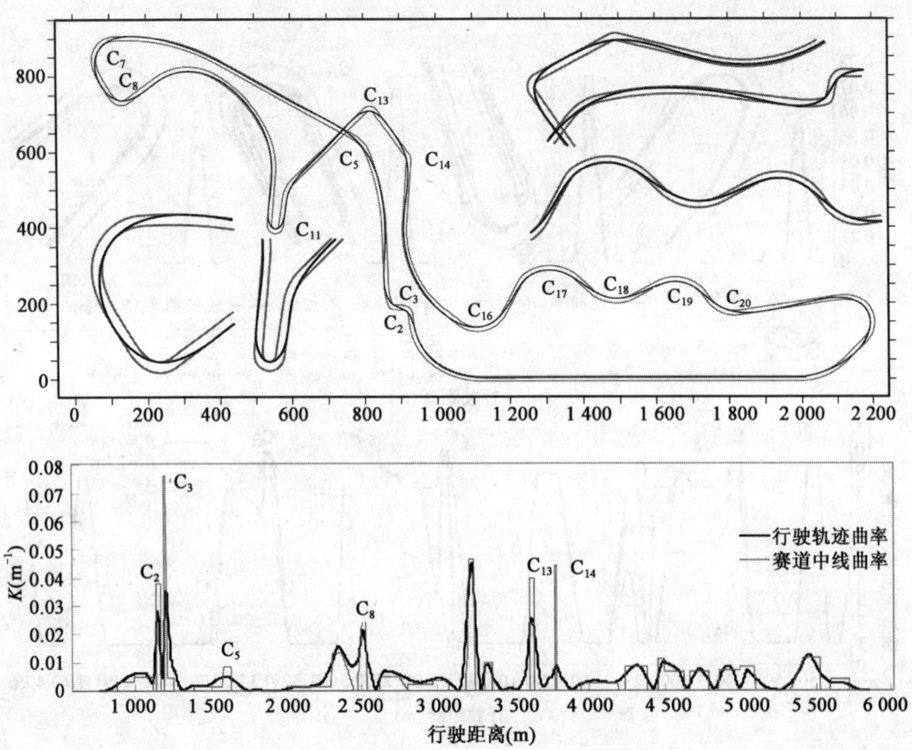

图 4-16　铃鹿赛道上的轨迹优化结果

4.7　本 章 小 结

一直以来,驾驶人模型中的方向控制模型几乎等同于轨迹跟随模型,需要输入一条参考轨迹或是期望轨迹才能有效的工作。但真实世界中显然没有这样现成的参考轨迹可以提供或是获取,驾驶人要在所接受的道路环境信息中决策出一条期望轨迹,然后再进行跟踪。并且,不同类型的驾驶人决策得到的轨迹也是明显有差别的。因此,完整的方向控制模型显然应该是“决策—跟随”模型。

为此,本章提供了适于公路行驶场合的轨迹决策解决方案。首先,提出了“前视断面选点”的优化策略。然后,针对公路上的典型驾驶习惯,建立了轨迹长度最短、曲率和最小、曲率变化率最小、轨迹居中 4 个目标函数。接下来,根据实际的公路行驶特点,设置了可使用路幅边界约束、障碍物避绕、侧向行驶稳定性约束以及弯道通过性等 4 个不等式约束条件。之后,参考真实的驾驶人决策过程，设计了滚动时域算法。最后，在文末给出了复杂公路和赛道的仿真实例，结果表明优化得到的轨迹曲线符合事先预期的效果，并与日常行车中我们看到的轨迹非常一致。通过观察轨迹曲线的形态和曲率，我们能够了解驾驶人是如何通过调整轨迹来实现自身的目的，从而能够对驾驶行为/习惯进行分析和释读。

本章的行驶轨迹决策/预测模型可以与现有的轨迹跟踪模型一起形成相对完善的方向控制模型，此外，还可应用于复杂公路的车辆智能驾驶/无人驾驶，山区公路的几何设计，运营公路的安全性判别及改善。由于轨迹和速度之间存在天然联系，笔者在下一章的研究中将用其作为计算依据得到基于轨迹曲率的行驶速度。

第5章 基于"轨迹—速度"耦合策略的复杂公路/赛道汽车行驶速度决策

5.1 研究概述

目前的速度决策算法几乎都是针对自动巡航模式下跟车行驶时的车间距控制,通过获取前车的速度变化对本车的速度进行调整,从而保证在各种前车速度下都能维持一个合理的车间距,既不让间距过大使旁边车道的车辆有机会插队,又不让间距过小低于当前车速下的制动距离使本车存在追尾前车的可能性。迄今为止,研究场合涵盖了以一般公路编队驾驶为代表的高速跟驰模式(速度≥70km/h),以及以城市街道密集行驶为代表的低速跟驰模式(速度≤40km/h)。

拥挤的交通状况造成城市街道从不缺乏跟驰行驶条件,一些线形条件好的干线公路也有充足的跟驰行驶机会。但那些等级不高、线形复杂同时又数量众多的山岭/重丘区公路,由于车流稀少,除了在出行前多个驾驶人事先约定一起旅行之外,道路用户在公路上能够形成跟驰行驶的概率很低,那些以控制车间距为目的的速度巡航算法由于缺少了控制条件,这种场合下显然不再适用。同时,那些可以在线形舒缓、行驶条件优良的高等级公路上使用的定速巡航模式,也无法再使用。这是由于为了顺适山岭区复杂地形、节约建设资金以及减少环境影响,山区双/单车道公路的设计速度都在 60km/h 以下(且绝大多数在 20~40km/h 范围内)。由于设计速度低,小半径曲线时常出现,相邻弯道之间的曲率复杂多变,驾驶人因此需要不断地调整速度来适应线形变化以保证车辆的侧向稳定性,如图 5-1 所示。如果将巡航速度设得很低,比如设为设计速度,虽然可以安全通过那些困难的急弯路段,但是对于占大多数的非困难路段比如直道和半径较大的弯道,仍以低速行驶显然极不符合真实的驾驶习惯,不仅严重阻碍后面车辆的正常行驶,在干扰交通流的同时还会诱发由超车带来的安全隐患。因此,为了实现自由流条件下车辆在复杂公路上的自动巡航,应该深入研究能体现道路几何条件限制、驾驶人操纵习惯以及车辆特性的速度决策算法。此外,即便是驾驶人有机会在复杂公路上编队驾驶,目前的速度算法也只能用于后面的跟随车辆，头车的速度仍需要驾驶人进行控制，而若要实现整个编队的自动驾驶，需要提供给头车一个目标速度进行跟踪。基于这个角度，也有必要研究基于道路几何条件限制的速度决策算法。

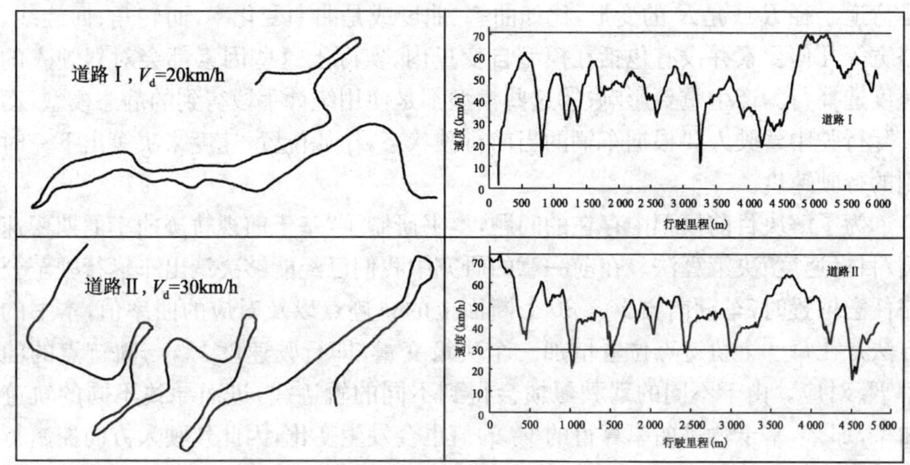

图 5-1　汽车在复杂山区道路上的行驶速度实测曲线

除了自动巡航之外，研究速度决策模型以及算法也是补充和完善驾驶人模型的需要。目前驾驶人模型中的速度控制模型(纵向控制)在工作时，需要事先提供一条目标速度曲线以对其进行跟随，即实质上是速度跟随模型。由于以往驾驶人模型的工作场合大都是闭环典型工况比如操稳性和平顺性行驶仿真试验，通常只需提一条恒定的速度线即可，但从目前的车辆设计趋势看，进行真实公路/赛道环境下的动力学模拟已经必不可少。由于公路/赛道的实际速度是随道路几何条件变化的，所以，仿真前输入的期望/目标速度也应该是一条具有时变幅值的曲线。而在真实世界中，驾驶人在公路上行驶时，比如要进入一个弯道，本来就需要对弯道上的行驶速度作出决策，然后再通过油门和制动踏板对当前的速度进行调整，以使车辆能以之前所选择的预期速度驶入弯道。因此，决速决策模型与速度跟踪模型一样，是纵向控制模型不可或缺的部分。

目前已发表的公路行驶预测模型可以分为两类：第一种是"流量—速度"模型，主要研究干线公路直线路段上交通量对行驶速度的影响，基本不涉及弯道几何要素，更少涉及车流稀少的复杂公路；第二类是运行速度模型，也称为 V_{85} 模型，研究弯道线形与 V_{85}(第 85 分位观测速度)之间的统计关系，因此几乎都是统计模型，主要用于公路线形设计的一致性和连续性评价以及安全改善。此类模型可以为速度决策提供一定的参考，例如弯道要素对速度的影响规律等，但由于其固有的缺陷，无法直接用于速度决策，比如：①以 V_{85} 为研究对象，而 V_{85} 是那些偏爱高速行驶的驾驶人的速度选择结果，而用于智能驾驶的速度决策模型应该照顾到真实世界中的各种驾驶习惯；②目前来看绝大多数模型的自变量都是弯道半径 R 或是 R 的变形，比如曲率、曲度或是曲率变化率，而转角、回旋线、路宽等几何要素并没有包括在模型自变量内，实际上这些因素都会对驾驶人的速度选择行为产生重要影响；③这些模型都是使用统计手段得到的静态模型，而实际行驶中驾驶人要根据车辆的当前行驶状态，比如位置、速度来决策出下一时刻的行驶速度。

为了解决目前模型中存在的问题，本书研制了“基于前视轨迹曲率的期望速度/目标速度”决策算法。在前一章的研究中我们已经能够决策出车辆行驶至公路任意位置时，车辆前方 10～30 个断面上的轨迹点以及对应的曲率值，本书的方法是在每一个轨迹点位置增加一个决策变量，即行驶速度 V_i，与轨迹点的曲率 K_i 对应。由于不同的驾驶习惯会得到不同的轨迹线，进而导致不同的轨迹曲率，那么，基于轨迹曲率算得的 V_i 的值也会发生变化，因此驾驶人方向控制行为的影响得以体现。并且，由于轨迹是基于滚动视窗的“前视断面选点”的计算策略，而速度又是基于前视轨迹曲率，且二者又都是使用并行的滚动时域算法得到，因此计算结果显然是动态实时的。同时，由于轨迹是在整个可使用路幅宽度内进行决策，对于弯道及前后范围而言，其路幅的几何边界是由半径、转角、回旋线、路宽等到因素综合确定下来，因此这些要素都可以对轨迹形状及其曲率产生影响，进而影响到速度特性。

在决策过程中，使用每个轨迹点的速度值 V_i 和相邻轨迹点之间的距离 L_{ti}，可以构造出两轨迹点之间的纵向加速度和制动减速度值 a_{xi} 和行驶时间 t_i；结合轨迹点的曲率值 K_i 和速度值 V_i，可以构造对应的侧向加速度值 a_{yi}。根据 a_{xi}、t_i 和 a_{yi}，可以设定不同的决策目标来进一步模拟不同的驾驶员行为，即不同的驾驶模式；同时，也可根据所选车辆的动力性能和行驶稳定性对 V_i 的取值进行约束，使最终决策得到的速度结果能够体现出“人—车—路(环境)”的协同作用。

5.2 计 算 策 略

对于汽车行驶而言，轨迹与速度之间存在着天然的紧密联系。

首先，驾驶人对行驶速度的追求会影响到他对前视轨迹的选择。在可使用路幅较宽、有充分机会选择行驶轨迹的情况下，一些爱开快车的侵犯型驾驶人为了实现快速驶过弯道的目的会充分利用路幅宽度，从而能够选择一个较大的轨迹半径。同样，一些驾驶人为了保持发动机转速的稳定，减少制动器的使用，也会选择增大轨迹半径的方法来通过弯道，以平抑速度在弯道范围内的弯化。而一些偏于安全的驾驶人，则会选择在车道内行驶，并选择一个适中的速度。

其二，轨迹的曲率特性对驾驶人的速度选择同样有着重要的作用，这是因为在曲率已知的情况下，弯道行驶速度决定了过弯时的侧向加速度 a_{yi}，进而影响到曲线行驶时驾驶人的侧向不舒适水平以及对行驶车辆的侧向可控程度，如果驾驶人感觉到 a_y 超出了自己的容忍水平，会减慢行驶速度来降低 a_y 的幅值，同时也使车辆的可控性重新回到自己的可掌握范围之内。相反，驾驶员如果在判断出前视轨迹经过自己的调整后能够变得舒缓，显然会选择一个较高的行驶速度。

图 5-2 给出了从轨迹点优化到行驶速度决策的计算策略，先是在路幅边界范围内决策出前视轨迹点，得到期望轨迹曲线，对其进行一阶求导得到轨迹沿行驶方向的曲率变化，然后将其作为已知输入数据(L_i, K_i)。其中，L_i 是轨迹点 P_{ti} 与起点之间的长度，K_i 是 P_{ti} 处的轨迹曲率。每一个(L_i, K_i)对应一个决策变量 V_i，即 P_{ti} 处的期望速度，使用这几个参量，我们可以得到能够描述驾驶行为偏好的特征指标，比如相邻断面之间的行驶时间 t_i 可以表示成 L_i 和 V_i 的函数，纵向加速度 a_{xi} 可以表示成 V_i 和 t_i 的函数，侧向加速度可以表示成 K_i 和 V_i 的函数。不同类型的驾驶员对行驶时间 t 的追求不一样，对侧向加速度 a_y 和纵向加速度 a_x 的接受水平也有差别；另一方面，V、a_y 和 a_x 的选择还要满足侧向稳定性、纵向稳定性和车辆动力性能的限制。因此，通过设置不同的权重系数和约束界限，可以得到各种想要的典型驾驶习惯。在设定目标函数和约束条件之后，对 V_i 进行优化计算可得到 V_i 的解，连接相邻的(L_i, V_i)数据点即可得到连续的期望速度曲线。

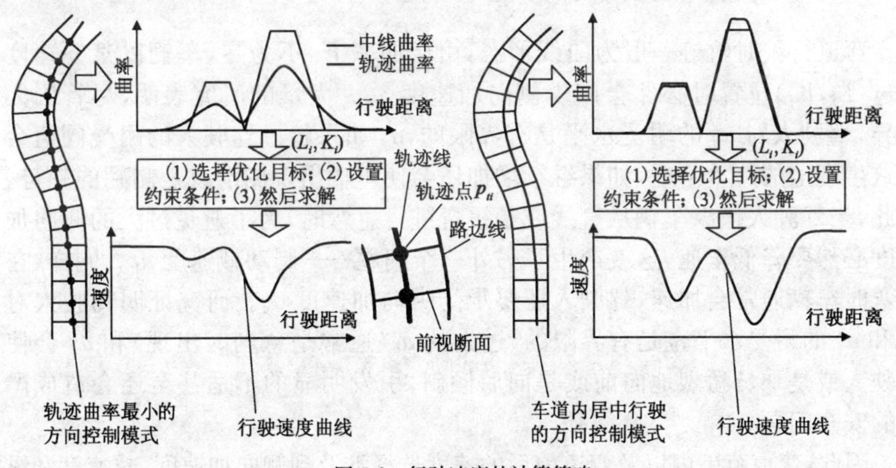

图 5-2　行驶速度的计算策略

5.3 决策目标

在真实世界中，一些驾驶人的速度控制行为具有典型特征，可以用单个目标进行描述；而另一些则具备混合特征，但仍可以用多目标加权组合进行模拟。因此，首要的工作是建立与典型速度控制行为习惯对应的目标函数，通过公路驾驶行为实测，我们设计了3种典型模式和1种混合模式，具体如下。

5.3.1 旅行时间最短

对于那些有任务在身或是追求效率的驾驶人，以最短的时间到达目的地是起支配作用的目标。尤其在目前这个生活节奏越来越快、越来越讲究效率的现代社会里，此类驾驶人的比重非常大。当然，这个目标更适合描述一类特殊的驾驶人——赛车手。

根据已知的"曲率—里程"数据(L_i,K_i)，和决策变量V_i，相邻两个轨迹点之间的行驶时间可以使用下式计算：

$$t_{\rm i}=\frac{\Delta L_i}{V_i}=\frac{2(L_{i+1}-L_i)}{(V_i+V_{i+1})} \tag{5-1}$$

依次累加相邻断面间的行驶时间t_i，即可得到汽车驶完前视路面区域所需的整个旅行时间T，那么，旅行时间最短的目标函数可表示为：

$$Min f_{01}=T=\sum_{i=1}^{n-1}t_i \tag{5-2}$$

5.3.2 水平加速度最小(乘坐最舒适)

弯道行驶时轨迹一般为曲线形态，由于曲率K_i不为零，车辆以某一速度通过(L_i,K_i)位置时必然会产生侧向加速度a_{yi}。大量的研究表明，尽管因人而异，驾驶人对a_y的耐受水平是有界限的，a_y如果超过驾驶人的耐受阀值会导致生理上的严重不适，如果继续增加还会使车辆出现侧滑或是侧翻的趋势。因此，当驾驶人操纵车辆从直线或是缓弯进行急弯时，为了避免过大的侧向加速度必然要降低车速，这就产生了另外一个问题——制动减速度$a_{\rm b}$。同样，在出弯时车辆通常会加速，驾驶人还要承受纵向加速度a_x。研究证明驾驶人对$a_{\rm b}$和a_x的耐受水平也是有界限的，过大的$a_{\rm b}$(通常是急刹时出现)和a_x会使驾驶人或是乘员猛烈地向前或是向后倾斜，引发明显的不适甚至还会造成严重的安全问题。

因此，弯道范围内以及弯道前后的速度选择涉及到侧向加速度、减速度和纵向加速度 3 个因素。为了方便，本书将制动减速度和加速度用一个变量表示，即 a_{xi}，当 $a_{xi}<0$ 时表示制动，反之，表示加速。根据曲率与加速度之间的关系，轨迹点 P_{ti} 处的侧向加速度 a_{yi} 可用下式计算：

$$a_{yi} = V_i^2 \cdot K_i \tag{5-3}$$

同时，可以用下式得到 a_{xi}：

$$a_{xi} = \frac{0.5(V_i^2 - V_{i+1}^2)}{(L_{i+1} - L_i)} \tag{5-4}$$

根据笔者在公路上的实际观测，驾驶人的制动行为并不是在进入弯道之前完成，而是要一直持续进弯道范围以内。因此，在曲线行驶或是进出曲线时，驾驶人承受的加速度实际上是 a_{yi} 和 a_{xi} 的合成，即水平加速度 a_c：

$$a_{ci} = (a_{yi}^2 + a_{xi}^2)^{0.5} \tag{5-5}$$

显然，a_c 的值越小，作用在驾驶人和乘员身上的外力也就越小，行驶过程中的感受自然越舒适。因此，水平加速度最小目标可以表示成：

$$\mathrm{Min} f_{02} = \sum_{i=1}^{n-2} a_{ci} \tag{5-6}$$

5.3.3　速度偏离最小（定速巡航）

有 3 类驾驶人喜欢定速行驶：第一种是新手或是学员，由于驾驶技术不熟练，为了有足够的反应时间来应对突发事件往往把速度控制在很低的水平（一般是公路的设计速度之下）；第二种是那些特别守规矩的驾驶人，他们会把车速控制在公路的建议速度（Advised Speed）或是限速值（Speed Limit）附近；还有一类是营运客车驾驶人，在道路线形舒缓路面平整时，喜欢将大客车的速度维持在一个他们偏爱的幅值附近。并且，根据笔者对大客车驾驶人操作习惯的观察，由于每天都要长时间驾驶，为了减少工作负荷他们更倾向于用油门来控制速度，只有在需要的时候才配合以档位变化，刹车则是能省则省，所以定速行驶是与他们的操作习惯相适应的。

但在实际驾驶中，定速巡航模式能否被使用还与道路环境有关，特别是道路的几何条件，我们的观测结果表明，只有设计速度在 60km/h 以上的公路才容易实现定速行驶。而设计速度在 20～40km/h 范围内的公路，由于曲率变化极大、线形复杂，不管是哪种车辆，哪类驾驶人，都难以实现巡航模式。

设驾驶人在某条公路上的偏爱速度或是目标速度为 V_f，那么在轨迹点 P_{ti} 处的速度偏离可表示为：

$$\Delta V_i = |V_i - V_f| \tag{5-7}$$

要实现定速巡航，显然在前视区域内各个断面位置的速度偏离都应该很小。因此，该目标函数可以表示为：

$$\min f_{03} = \sum_{i=1}^{n-1} \Delta V_i \tag{5-8}$$

5.3.4 混合控制模式

上述的3个目标函数分别对应3种典型的驾驶模式，而在以上三个决策目标之中进行折中和权衡，可以对具有混合特征的速度控制行为进行描述。由于f_{01}～f_{03}的量纲不一致，在分配权重系数之前，应该进行归一化处理，以使三者的目标值在一个数量级之内。具体的处理方法如下：

$$f'_{01} = \frac{f_{01}}{T_1} \tag{5-9}$$

$$f'_{02} = \frac{f_{02}}{\sum_{i=1}^{n} V_{\rm d} \cdot K_i} \tag{5-10}$$

$$f'_{03} = \frac{f_{03}}{\sum \Delta A_i} \tag{5-11}$$

式中，$T_1 = 1.2T_{\min}$，$T_{\min}$为执行旅行时间最短目标得到的时间值；$V_{\rm d}$为公路的设计速度；ΔA_i为曲线临界安全速度$V_{\rm cs}$与曲线长度的乘积，如图5-3所示，但只有当$V_{{\rm cs}i} < V_{\rm f}$时才视为有效并参与计算，其中$V_{\rm cs}$由式(5-12)计算，g为重力加速度，$f$是路面摩擦系数。

$$V_{\rm cs} = 3.6(R \cdot {\rm g} \cdot f)^{0.5} \tag{5-12}$$

对f'_{01}、f'_{02}和f'_{03}分别赋予一定的权重β_1、β_2和β_3，满足$\beta_1 + \beta_2 + \beta_3 = 1$且$0 \leqslant \beta_i \leqslant 1$ $(i=1,2,3)$可得到多目标加权函数，如下式：

$$\min f_{04} = \beta_1 \cdot f'_{01} + \beta_2 \cdot f'_{02} + \beta_3 \cdot f'_{03} \tag{5-13}$$

在实际公路行驶中，我们最常见到的是时间最省和驾乘最舒适的混合控制模式，即在f'_{01}和f'_{02}之间进行折中，而f'_{03}常是单独使用。在综合考虑f'_{01}和f'_{02}进行多目标优化时，权重系数β_1和β_2的值可以事先给定，也可以作为变量加入到优化计算中。如果是将β_1和β_2作为自变量，经过优化计算后可得到折中最优解，我们称之为整体最优模式。将此时的(β_1, β_2)记为$(\beta_{1\rm t}, \beta_{2\rm t})$。如果将任意一组符合条件的权重系数组合$\{(\beta_1, \beta_2) | \beta_1 + \beta_2 = 1$且

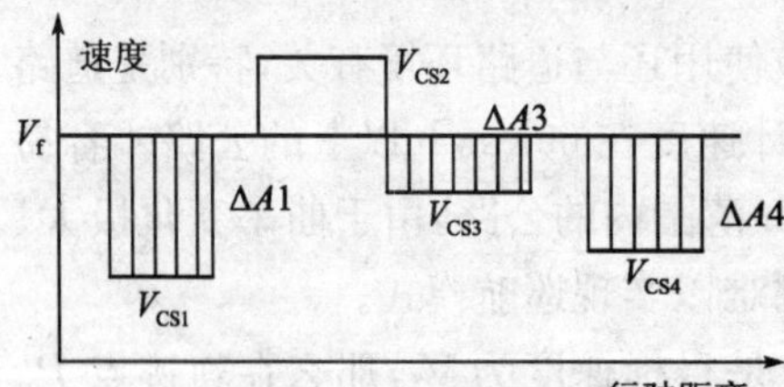

图5-3 ΔA的计算方法

$0\leqslant\beta_i\leqslant1,i=1,2,3\}$看作是一种混合模式，那么，$(\beta_{1t},\beta_{2t})$对应的整体最优模式可看作为混合控制模式的一个特例。

5.4 约 束 条 件

在实际的公路行驶中，能够对驾驶人速度选择行为产生限制的因素有侧向/纵向舒适性、侧向/纵向行驶稳定性、纵向动力性（加速性能和制动性能）以及最高/最低速度界限。由于在小客车达到临界失稳之前，或是制动/加速性能达到最大使用极限之前，侧向/纵向舒适性已经先行不满足，因此，在日常公路驾驶中起限制作用的实际上是舒适性界限，所以可用舒适性界限和速度界限作为约束条件。相比之下，动力性界限主要针对大型货车。

5.4.1 最高/最低速度约束

最高行驶速度V_{max}在国外的文献中通常被称为环境速度或是直道行驶速度，V_{max}往往是发生在长直道或是曲率非常缓和的弯道上，前面第2章的公路单车连续测速结果表明，V_{max}远远超出公路的设计速度，比如设计速度为60km/h的双车道公路，V_{max}通常可达110～120km/h；即使是设计速度为30km/h的低等级山区公路，V_{max}也能达到80km/h左右。在调查中我们发现，对V_{max}影响最大的因素是车道宽度、路肩宽度、路线平均曲率和公路的街道化程度，而这三个因素都与公路的技术等级和地形条件有关。表5-1是笔者根据70余条不同类型公路的测试结果整理得到，可为V_{max}的取值提供参考，表中V_{max}双横栏中的第一行为小客车的测试结果，第二行数值为大客车测试结果。

各种类型公路的V_{max}的取值 表5-1

	六车道公路		四车道公路					双车道公路					单车道
V_d (km/h)	120	100	高速			一级		80	60	40	30	20	20
			100	80	60	80	60						
V_{max} (km/h)	145	135	130	110	90	110	90	115	105	88	78	70	60
	120	100	100	90	80	90	70	90	75	60	50	40	30

公路的最低行驶速度一般都是发生在困难路段。根据第2章的测试结果可知，小客车由于动力特性充裕，对纵坡度的变化并不敏感，受平面线形的影响却非常大。大客车在纵面线形作为主要控制要素的上坡路段行驶时（平面线形相对缓和）存在一个爬坡速度，但只要是满足规范要求的公路，爬坡速度均在设计

速度之上;而行驶在平面线形作为主要控制要素的路段时,不管是上坡、平坡还是下坡,急弯(大转角小半径的平曲线)的出现无一例外的会迫使大客车驾驶人迅速调低车速。因此,不管是大客车还是小客车,困难路段的线形特征主要是急弯形式。虽然设计规范对几何指标的限定已经保证了车辆以设计车速通过急弯路段的安全性,但仍会遇到平、纵、横指标组合在一起后突破极限值的不利情况,根据实测结果我们将最低行驶速度设为 $0.7V_d$。

因此,轨迹点 P_{ti} 处的最高/最低速度限制可表示为式(5-14),式中 V_d 为公路的设计速度,V_{max} 的取值见表 5-1。

$$0.7V_d \leqslant V_i \leqslant V_{max} \tag{5-14}$$

5.4.2 侧向舒适性约束

在曲线行驶时,速度越高,a_y 值越大。a_y 超过一定程度时,驾驶人和乘员会感到非常不舒适,因此,驾驶人会降低车速以使 a_y 回到可接受水平之内。笔者在公路上的观测结果表明,道路线形条件越好,行驶速度越高,驾驶人对舒适性的要求越高,即侧向容许加速度 a_{ytol} 越小。因此,较高的 a_{ytol} 值通常都在是等级不高的复杂山区公路上观测得到,尤其是山区双车道公路,前面第 3 章的观测结果表明,小客车在双车道公路的最大横向加速度超过 8m/s^2,这已经达到了路面附着性能的极限。

在此,我们以公路上第 90 分位的横向加速度观测值 a_{y90} 来表征侧向容许加速度 a_{ytol},根据第 3 章的观测结果,a_{y90} 是随着车道数的减少而提高——这不难理解,车道数一般是随道路等级一起降低的,而道路等级降低后线形条件将变差,驾驶人的舒适性期望自然会降低,从而会接受较大的横向力。表 5-2 是前面第 3 章表 3-3 的一部分,能看到除了车道数会对 a_{y90} 有明显影响之外,车型的不同也会导致 a_{y90} 分布上的差异。当然,读者也可以根据自己的研究需要将 a_{y85} 或是其他分位数的加速度值定义为侧向容许加速度。

横向加速度特征分位值 表 5-2

特征分位数	六车道公路的 $a_y(\text{m/s}^2)$		四车道公路的 $a_y(\text{m/s}^2)$		双车道公路的 $a_y(\text{m/s}^2)$	
	小客	大客	小客	大客	小客	大客
85^{th}分位值	1.121 519	0.897 271	1.67 618	1.458 476	3.201 153	2.790 782
90^{th}分位值	1.256 985	1.019 995	1.933 957	1.683 862	3.730 245	3.222 059

此外,根据单车测量结果,在换道时也有较高 a_{ytol} 值出现,其幅值可达 5.0m/s^2 以上,但 a_{ytol} 显然不能高于路面附着系数,否则会出现侧滑、甩尾等不稳定情况。路面附着系数的下限在道路使用 1~2 年后通常会降到 0.55~0.6。

因此，本书将换道时的 a_{ytol} 最高值设为 0.55m/s^2。

因此，侧向舒适性约束可表示为式(5-15)，这里是以小客车为例，如果是大客车，将等号后面的数值换成表 5-2 中的相应值即可。

$$\left.\begin{aligned} a_{yi} &\leqslant a_{ytol} = 1.26\text{m/s}^2, && \text{6 车道公路} \\ a_{yi} &\leqslant a_{ytol} = 1.93\text{m/s}^2, && \text{4 车道公路} \\ a_{yi} &\leqslant a_{ytol} = 3.73\text{m/s}^2, && \text{2 车道公路} \\ a_{yi} &\leqslant a_{ytol} = 5.55\text{m/s}^2, && \text{换道工况} \end{aligned}\right\} \tag{5-15}$$

5.4.3　纵向舒适性约束

本书分析的是自由流情况下车辆(或是编队行驶的头车)的速度特性，因此这里的减速和加速是指行车减速和行车加速，而非停车制动和起步加速。与侧向加速度一样，除了避让减速以外，行驶过程中较高的减速度值几乎都是在急弯上测量得到。

笔者之前在 10 余条双车道公路进行了急弯路段的断面车速测量和单车连续行驶速度/加速度测量，结果表明对于小客车而言，在 20～85m 半径的大转角弯道上(急弯)，90%以上小客车的进弯减速度在 2.0～4.05m/s^2 之内，出弯加速度则明显低于进弯减速度，在 0.5～1.5m/s 之内。由于通过速度会随着弯道半径的增加而提高，进弯减速需求会下降，制动减速度自然会相应的减小。因此，可以用急弯上减速度测试结果作为约束条件中的上限值，同样，出弯加速度也可以采用此种处理方式。因此，纵向舒适性约束可表示为：

$$0 \leqslant a_{xi} \leqslant 1.5\text{m/s}^2 \qquad a_{xi} \geqslant 0 \tag{5-16}$$

$$-4.05\text{m/s}^2 \leqslant a_{xi} < 0 \qquad a_{xi} < 0 \tag{5-17}$$

5.4.4　纵向动力性约束

小客车由于载质量很轻，具有非常高的单位质量比功率和单位质量比制动力矩，因此在纵向动力性能方面的表现非常优异，常规的小客车(赛车以外的小客车)的最大纵向加速度目前可达 3.5m/s^2 左右，而最大制动减速度一般就是路面附着性能的极限，即 8～9.35m/s^2，因此舒适性界限远低于动力性界限。相比之下，大型重载货车的载质量数十倍于小客车，但发动机输出功率却没有相应的增长，因此单位质量比功率和单位质量比制动力矩自然非常低。根据公路实测结果，总重 20t 以上的大型货车的峰值纵向加速度约在 0.65～0.85m/s^2，峰值制动减速度约在 1.4～1.79m/s^2，远低于舒适性界限。因此，在针对大型货车进行轨迹和速度仿真时，可将约束中的纵向舒适性界限替换为纵向动力性界限，如下式：

$$0 \leqslant a_{xi} \leqslant 0.8\text{m/s}^2 \qquad a_{xi} \geqslant 0 \tag{5-18}$$

$$1.75\text{m/s}^2 \leqslant a_{xi} < 0 \qquad a_{xi} < 0 \tag{5-19}$$

5.4.5 赛道工况时的约束设置

赛道上的情况显然明显不同于一般的山区公路行驶，因此，在预测赛道行驶速度时，约束条件中的参数界限应重新设置。从赛车手这个角度，将赛车的动力性能使用到极限并最大程度地利用赛道的几何性能与路表性能，是其区别于一般公路驾驶员的最大特点。目前的赛车都做了特殊的空气动力学设计，气动力会将赛车压向地面，极大地增加了轮胎的抓地力并同时提高了操控性能，比如一级方程式赛车在过弯时的侧向加速度可达到 20m/s² 甚至更高。赛车的加速能力更是车辆厂家所极力追求的，其最大加速度一般都在 9m/s²～12m/s²，几乎可以将抓地力使用到极限。就制动来讲，方程式赛车能够在 2.5s 内从 240km/h 减速到完全停车，制动距离在 80m 左右，制动减速度达 2.7g。当然，在行驶过程中，加速度和减速度要进行一定的折减。至于最高直道速度，虽然赛车厂家在场地上的测试值达到了 400km/h 以上，但目前正赛记录的最高速度为 350km/h 左右。

因此，在针对 F1 赛道进行速度预测时，式(5-14)～式(5-17)中的参数分别调整为为：$V_{\max}=350\text{km/h}$，$a_{\text{ytol}}=15\sim20\text{m/s}^2$，$a_{x\max}=10\sim12\text{m/s}^2$，$a_{\text{bmax}}=-12\sim-15\text{m/s}^2$，并且可除去式(5-14)中的最低速度限制。

当行驶工况为公路赛道时，赛车在外形上与一般的小轿车差异不大，气动性能方面的改进不如方程式赛车那么明显，但厂家在车辆加速度性能和制动性能方面的改善却是极为有效地，此时可以将 a_{ytol}、$a_{x\text{ma}}$、a_{bmax} 的上限值统一的设置为干燥路面的最大附着系数再乘以重力加速度，根据国内外的大量测试结果，路面最大附着系数为 0.88 左右，因此上限值设为 8.6m/s² 是比较合适的。

5.5 算 法 实 现

不难发现，与我们已经提出的轨迹预测模型一样，上述速度决策模型也为多目标非线性连续优化模型，对于这类优化模型，现阶段的各种商业优化器很难在能够接受的计算代价内获得长里程道路的解决方案，不过还是能够胜任小规模问题实例的求解工作，并在较短时间内便可获得各个优化目标下的速度曲线。一方面考虑到在实际道路上供轨迹预测的相关信息可在驾驶人的视窗范围内获得，而视窗又沿着行驶方向快速向前移动；另一方面对经过拆分后所获得的短里程道路的轨迹优化比对原长里程道路的更为容易，所以特别开发了滚动时域算法，成功解决了长里程道路的轨迹预测问题。

由于本书的速度决策是基于轨迹曲率的，轨迹曲率需在轨迹确定后才可获得，意味着速度计算是在轨迹决策完成之后进行，即得到轨迹点之后，计算出轨迹的曲率，再优化出满足设定目标和约束条件的速度值，因此，可同样设计滚动时域算法解决本书所构建的速度决策问题。

所设计的滚动时域算法的主要思路为：根据给定的滚动周期 RC 和滚动步长 RS 和基于前视轨迹曲率的计算策略，沿着行驶方向逐步更新和计算各短里程道路的行驶轨迹，并计算相应的轨迹曲率和行驶速度，计算工具都为商业优化器 LINGO11.0，直到获得实际道路上所有表示速度的决策变量 V_i 的值为止。需要指出的是，由于采用的是问题分解的求解策略，难以避免所获得的速度曲线在道路衔接地点出现不平滑。特别引入滚动步长 RS，使得两相邻短里程道路有着一段共同的部分，经过再次优化可对该重叠部分的原计算结果进行不断地修正，如图 5-4 所示，从而使得最终的优化结果更为合理。总的来说，其具体的计算步骤可描述为：

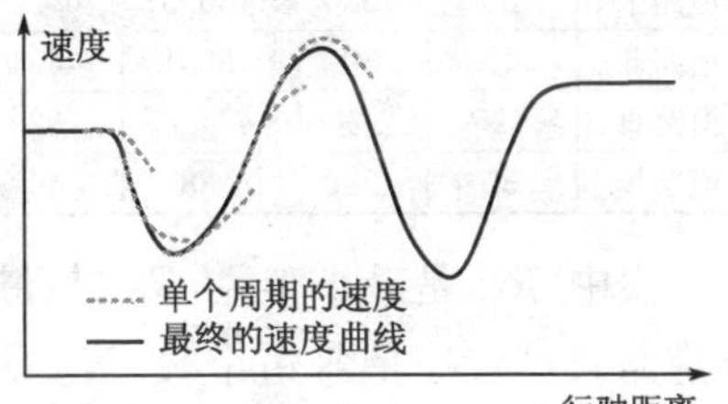

图 5-4　行驶速度的滚动优化

Step 1：输入速度决策所需的常量参数$\{(L_i,K_i)|i=1,\cdots,n\}$，若非整体最优模式，还需输入多目标加权函数 f_{04} 中各子目标的权重系数 β_1、β_2 和 β_3，并转下一步。

Step 2：初始化 $i^*=1$，计算断面 i^* 到 $\min(i^*+RC-1,N)$ 的短里程道路的行驶轨迹，推算相应的轨迹曲率，进而计算相应的行驶速度，并获得决策变量$\{V_i|i=i^*,\cdots,\min(i^*+RC-1,N)\}$的值。转下一步。

Step 3：若 $\min(i^*+RC-1,N)=N$，转 Step 6；否则，转下一步。

Step 4：计算断面 i^*+RS-1 到 $\min(i^*+RS+RC-2,N)$ 的短里程道路的行驶轨迹，推算相应的轨迹曲率，进而计算相应的行驶速度，并更新或获得决策变量$\{V_i|i=i^*+RS-1,\cdots,\min(i^*+RS+RC-2,N)\}$的值。转下一步。

Step 5：若 $\min(i^*+RS+RC-2,N)=N$，转 Step-6；否则，令 $i^*=i^*+RS-1$，并转回 Step 4。

Step 6：输出道路上所有断面的决策变量$\{V_i|i=1,\cdots,N\}$的值，以及多目标加权函数 f_{04} 的值。

Step 7：将速度计算结果组成$\{(L_i,V_i)|i=1,\cdots,n\}$的坐标形式并显示在“里程（$X$ 轴）—速度（Y 轴）”坐标系内，逐次连接相邻两点，得到连续的行驶速度曲

线,算法结束。

5.6 计算实例以及驾驶人行为分析

本章使用3条山区公路和1条F1赛道作为行驶速度决策的计算实例,分别是四川省紫坪铺水库场内公路K0～K4＋066段、云南大关—永善公路K34＋918～K36＋825段、重庆市彭水—务川公路东泉段和位于西班牙首都巴塞罗那附近的加泰罗尼亚赛道,简称其为道路Ⅰ～Ⅳ,表5-3是这些道路的几何参数。

试验道路的几何参数指标 表5-3

道路序号	R_{min}(m)	R_{max}(m)	R_a(m)	P_c(%)	L(m)	N_c	N_L	W_L(m)	W_S(m)	W_P(m)
道路Ⅰ	30	350	130.31	68.5	4 066	22	2	3.75	1.5	10.5
道路Ⅱ	15	300	60.1	44.4	1 907	19	1		0.25	5.5～6
道路Ⅲ	125	1 200	434.45	82	6 627	21	2	3.75	0.5	8.5
道路Ⅳ	35	230	88	40	4 627	15				12～15

表中:R_{min}是最小半径,R_{max}是最大半径,R_a是平均半径,P_c是曲线比例,L是道路长度,N_c是弯道个数,N_L是车道数,W_L是车道宽度,W_S是路肩宽度,W_P是路幅宽度。

使用笔者在第4章所阐述的轨迹决策算法,得到了与3种典型驾驶习惯(方向控制模式)相对应的行驶轨迹——表5-4中的3个优化目标对应3种方向控制模式。其中道路Ⅱ没有划车道线且车流量少,驾驶人可以使用整幅路面宽度,因此没有选择车道内行驶模式。道路Ⅰ是场内公路,车流量同样也比较低,驾驶人可以通过使用大部分路面宽度进行轨迹选择,当然,由于施划了车道线,也可以选择车道内行驶方式。道路Ⅲ线形舒缓且有一定的交通量,驾驶人不会有很大的动力去减小轨迹曲率,也鲜有机会占用对向车道,因此,选择车道内行驶模式。道路Ⅳ由于是F1赛道,选择对赛车手高速过弯最为有利的曲率最小的轨迹优化目标。

轨迹决策时的优化目标 表5-4

道路序号	轨迹优化目标/方向控制模式		
	D1:轨迹长度最短	D2:轨迹曲率最小	D3:车道内行驶
道路Ⅰ	√	√	√
道路Ⅱ		√	
道路Ⅲ			√
道路Ⅳ		√	

注:1.道路Ⅰ车道内行驶是轨迹居中和轨迹曲率变化率最小两个目标的加权。

2.道路Ⅲ的车道内行驶是轨迹居中和轨迹最短两个目标的加权。

5.6.1　道路Ⅰ

图 5-5 是在道路Ⅰ上模拟 3 种方向控制行为得到的行驶轨迹，可以观察到驾驶员操作习惯在轨迹形态与拓扑特性上的体现。图 5-6 是 3 种轨迹的曲率，以及由该轨迹曲率算得的行驶速度曲线。每一组中的 4 根速度曲线分别对应以下 4 种速度控制模式：

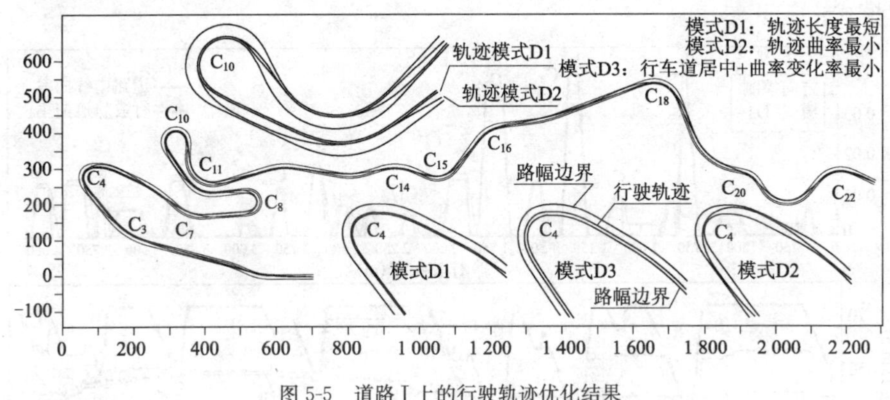

图 5-5　道路Ⅰ上的行驶轨迹优化结果

(1)S1：旅行时间最省模式。此模式以行驶时间最短为决策目标，驾驶人在限制范围内选择最高行驶速度。

(2)S2：驾驶最舒适模式。此模式以水平加速度最小为目标，驾驶人要选择合适的弯道速度来保证侧向舒适性；还要选择弯道前后的直道行驶速度以避免出现过大的纵向力。此模式下会出现总是选择最低车速的问题，因此，引入了时间最省目标，并赋予其 0.05 的权重。

(3)S3：混合模式。在决策时同时考虑行驶时间和驾乘舒适性两方面的因素，因此需要在仿真前设置权重系数(β_1，β_2)。

(4)S4：整体最优模式。即目标值最小时的混合模式，驾驶人可以在行驶时间最短和水平加速度最小之间取得最好的折中，因此可以认为是理想的速度控制模式。进行该模式的速度仿真时，权重系数(β_1，β_2)不需要事先指定而是直接参与决策计算。

观察图 5-5 中的轨迹形态和图 5-6 中的轨迹曲率变化，能发现在 3 种方向控制模式中执行轨迹最短目标时行驶轨迹曲率的变化幅度最大，特别是在 C_4、C_8 和 C_{10} 位置明显超过弯道设计曲率，这是由于驾驶人在弯道范围内一直是紧贴内侧行驶，轨迹向圆心偏移轨迹半径自然减少。相比之下，执行曲率最小目标时，驾驶人在进弯前先是将车辆靠向弯道外侧，在快要接近曲中位置时才将车辆切向内侧,轨迹得到了有效地舒缓,因此轨迹曲率在三者之中最小。处于中间水平的是车道内行驶,轨迹曲率与弯道设计曲率基本接近。

图 5-6 中的 3 组速度曲线,每组都是时间最短模式的速度曲线位于最上方,驾乘最舒适对应的曲线位于最下方。即对时间敏感的驾驶人倾向于高速行驶,且需要频繁调整行驶速度来适应几何线形变化;而追求舒适性的驾驶人偏爱低速,并且有恒速的倾向,表现为速度变化平缓;位于两者之间的是混合模式和最优模式。

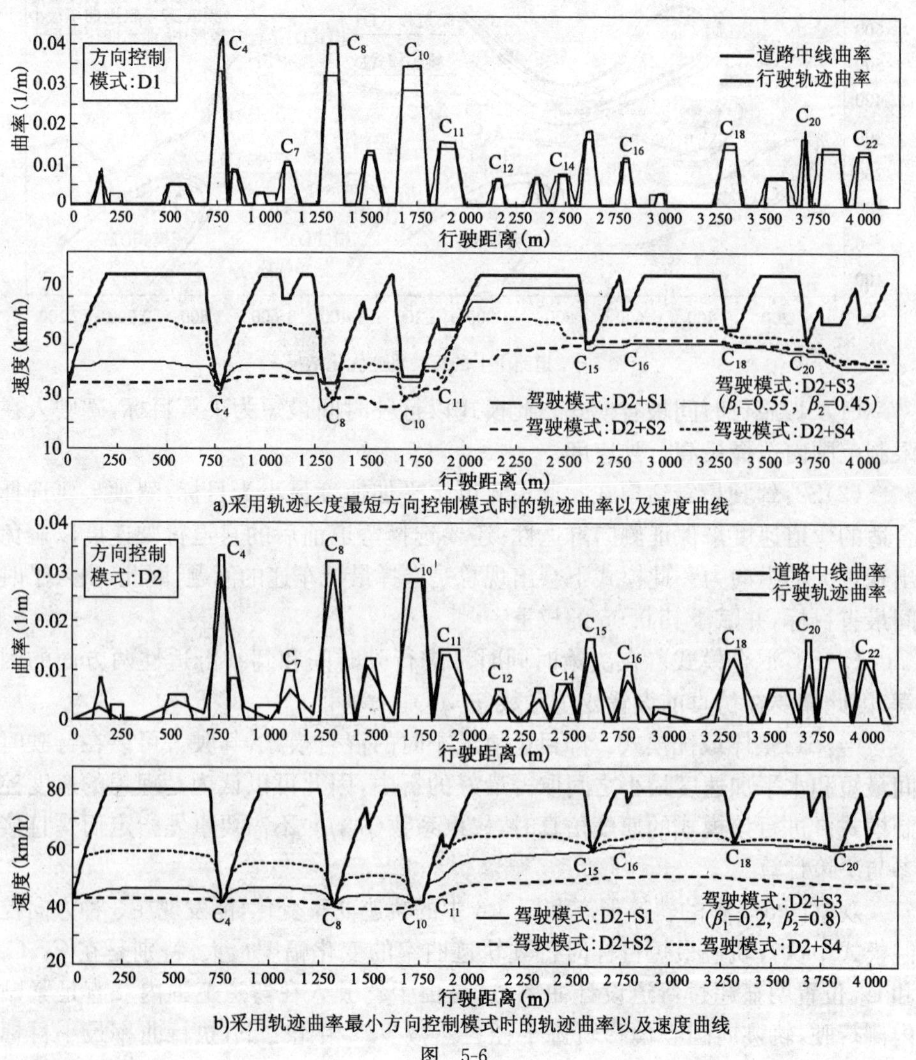

a)采用轨迹长度最短方向控制模式时的轨迹曲率以及速度曲线

b)采用轨迹曲率最小方向控制模式时的轨迹曲率以及速度曲线

图 5-6

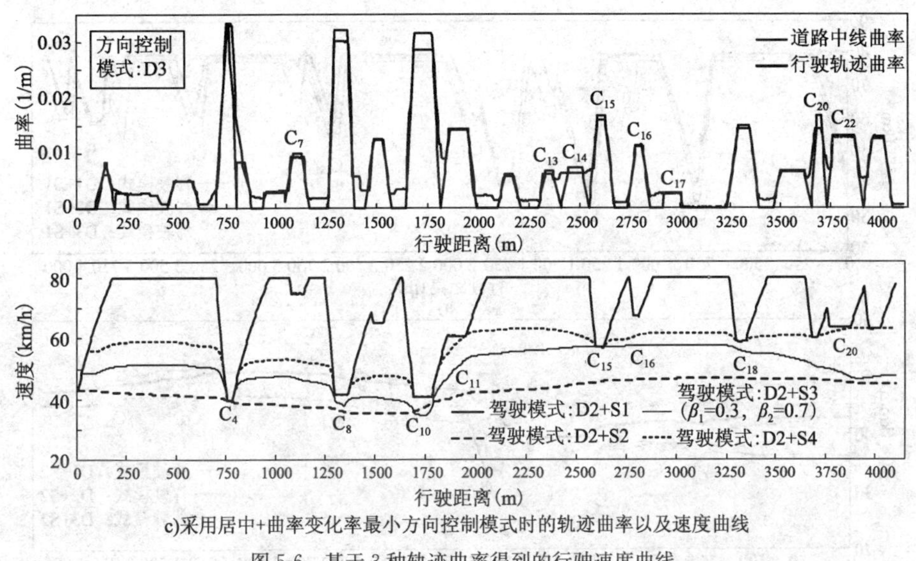

c)采用居中+曲率变化率最小方向控制模式时的轨迹曲率以及速度曲线

图 5-6　基于 3 种轨迹曲率得到的行驶速度曲线

将速度曲线与公路平面线形进行比较,可以看到 4 种速度模式之间的幅值差异都是发生在直线路段或是半径较大的缓弯范围内,而在 C_4、C_8、C_{10}、C_{11}、C_{15} 和 C_{18} 这些半径低于 70m 的急弯位置,速度幅值则非常接近,这种现象与公路断面的速度实测结果非常符合,即速度采集值在控制点(比如小半径弯道)的分布非常集中,而在非控制点路段非常分散。而其原因在于大曲率的困难位置驾驶人会暂时降低对行驶舒适性的要求,可以接受较大的侧向加速度并表现出车辆控制行为上的趋同性。而当驶出这些困难位置时,驾驶人各自的行为习惯开始显露,他们(她们)会选择各自偏爱的速度与纵向加速度,最导致现为速度幅值上的明显差异。因此,本书对驾驶人行为的模拟分析在很大程度上解释了同一车型在公路断面的车速分布差异性。

为了分析不同方向控制习惯对行驶速度的影响,对图 5-6 中的速度曲线重新归类,将速度控制模式相同的曲线显示在同一幅图中,如图 5-7 所示。其中图 5-7a)是不同方向控制模式但速度模式都是时间最省的一组速度曲线。由于此种速度模式都是爱开快车的侵犯型驾驶人所采用,这与运行速度 V_{85} 的定义在实质上非常接近,因此该组曲线非常接近于使用 V_{85} 模型得到的计算结果。从图中能看到不同的方向控制习惯会导致行驶速度的幅值差异,特别是像 C_7、C_{15}、C_{16} 和 C_{20} 这样的 S 弯道差异最为明显,这是由于追求轨迹曲率最小的驾驶人可以从当前弯道内侧直接切向下一个反向弯道,从而显著降低轨迹曲率,因此可以选择较高的过弯速度。

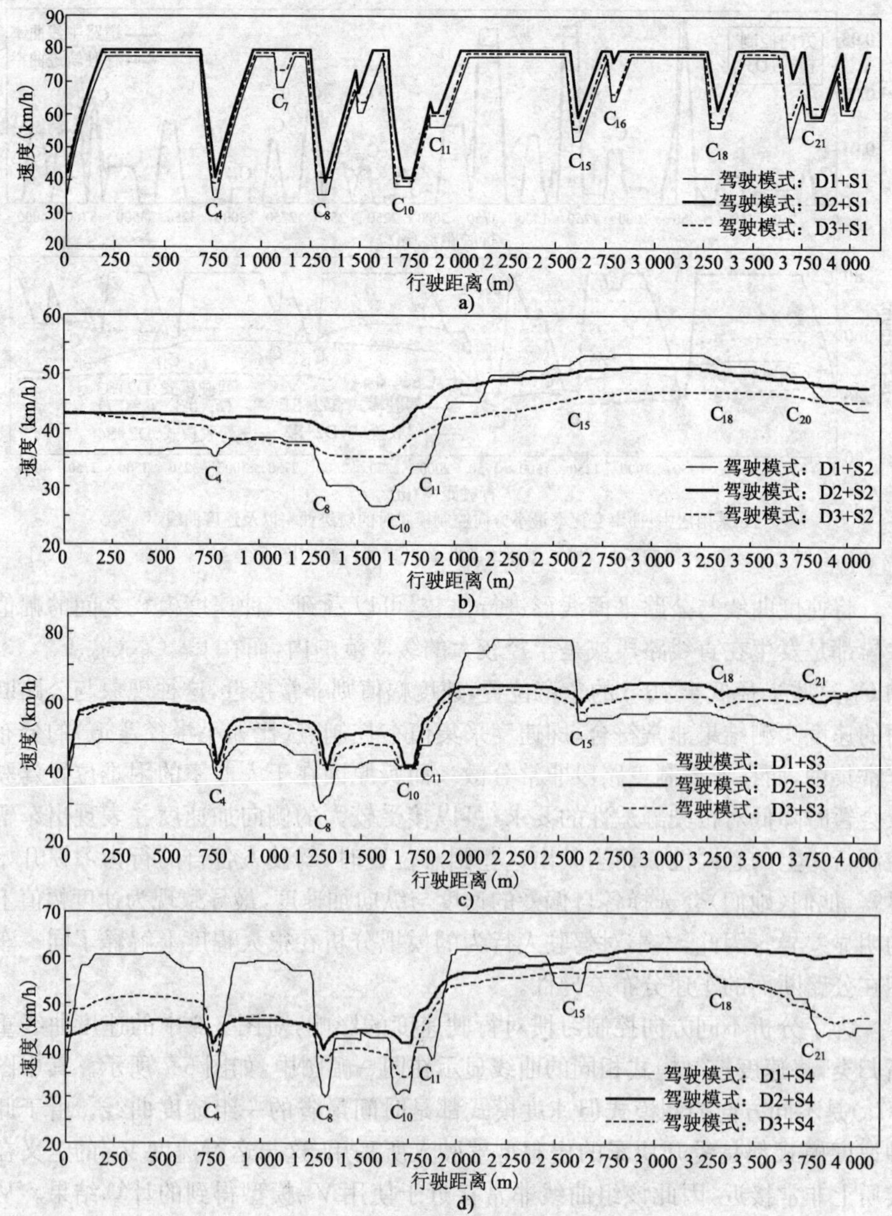

图 5-7　轨迹曲率特性对行驶速度曲线的影响

除了可以反映出驾驶人方向控制行为的影响之外，由于轨迹是在可使用路幅宽度内优化得到，而可使用路幅几何边界的确定是弯道半径、转角、回旋线、路宽、弯间距、偏转方向以及路面障碍物等因素的综合反映，因此这些要素的变化都能影响到轨迹曲率，进而对行驶速度产生影响。相比之下，绝大多数 V_{85} 模型仅包含半径 R 或是曲度一个变量，少数模型即使包含 2～3 个变量，但仍是针对单个弯道，不能考虑相邻弯道之间的耦合作用以及驾驶员行为的影响。所以，本书的速度优化算法比 V_{85} 模型更适合于公路线形的安全性评价。

图 5-7b)是速度控制模式都为驾乘最舒适的一组速度曲线，能看到车辆在困难路段 C_4～C_{10} 范围内的行驶速度呈逐渐下降趋势，特别是在 C_8～C_{10} 区段内一直是维持低速行驶，这种速度幅值特性是与该区段的线形特征相适应的，因为维持低速可以避免出弯加速和进弯减速所引起的速度尖峰以及非常明显的生理不舒适。由于公路线形在 C_{11} 之后明显变得舒缓，在驶过 C_{11} 之后速度有轻幅的上扬。因此，该种模式在保证驾乘舒适性的同时，在一定程度上也照顾到了公路几何条件的利用。比较 3 条曲线，能发现当方向控制模式为轨迹曲率最小时，速度波动幅度最小且可以达到较高巡航速度。因此，此种方向控制模式最适合与驾乘最舒适的速度控制模式相配对。

图 5-7c)和 d)分别是混合模式和最优模式的速度曲线。实质上，最优模式可以看作是混合模式的特例，即目标值最小时的混合模式。在真实世界的行驶过程中，驾驶人在很短的决策时间内很难达到整体最优，因此，只能是向其靠近。并且，追求整体最优的也只是某一类驾驶人，更多的驾驶人在行驶过程中往往有所侧重，比如侧重于快速、侧重于舒适或是侧重于安全。

5.6.2　道路Ⅱ

道路Ⅱ与道路Ⅰ相比曲率变化更大且线形紧迫琐碎，行驶条件更加复杂和困难。由于方向控制模式为轨迹最短时，为缩短轨迹车辆会从当前弯道直接切向下一个弯道，并紧贴弯道内侧行驶，导致轨迹曲率大于弯道设计曲率。而道路Ⅱ的平均半径仅为 60m，轨迹半径减小会导致行驶更加困难，驾驶人显然不愿意采用此种方向控制模式。因此，仅进行轨迹曲率最小方向控制模式的轨迹决策，图 5-8 和图 5-9 分别是决策得到的轨迹形态以及轨迹的曲率值，从中能发现行驶轨迹的曲率要低于弯道设计曲率即轨迹要比路中线更加舒缓，这是因为驾驶人在弯前直道上很早就开始调整车辆位置为进弯做准备，出弯后也是充分利用路幅宽度，以使轨迹曲率缓和的下降。

图 5-10 是基于轨迹曲率决策得到的 4 种典型模式的速度曲线，其中驾乘最舒适模式下的速度曲线以近乎匀速的形式从控制点速度下方切过。而在 4 个主要控制点之间：C_2～C_4、C_4～C_9、C_9～C_{16}，其他 3 种模式的速度曲线都有明显的

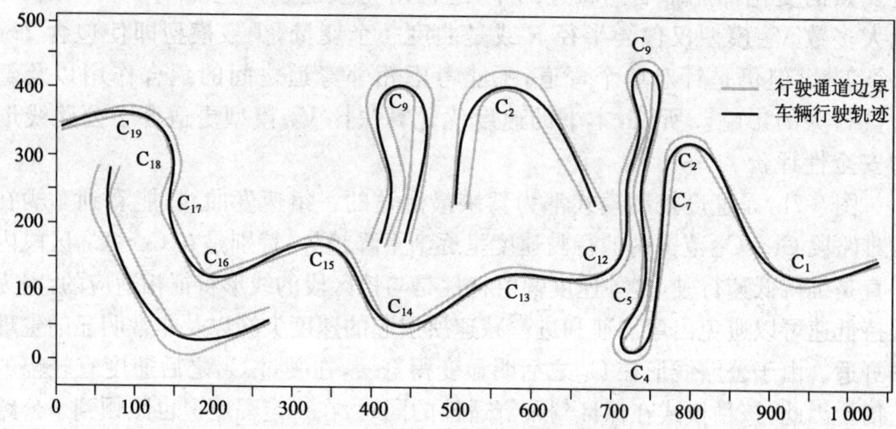

图 5-8　道路Ⅱ的车辆行驶轨迹

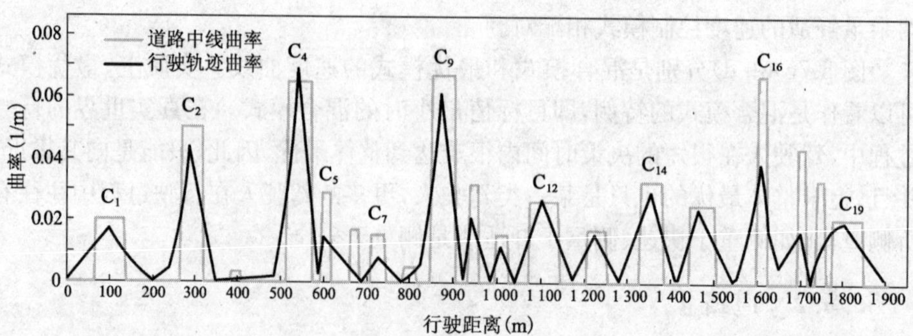

图 5-9　道路Ⅱ的行驶轨迹曲率

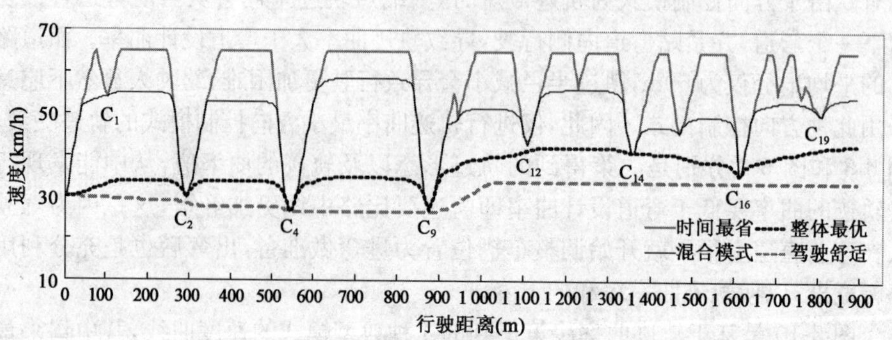

图 5-10　用轨迹曲率算得的行驶速度曲线

升降。仔细观察能发现 4 种速度控制模式之间的本质差别在于两个方面：一是加减速频率，比如最舒适模式仅在驶过 C_9 后有一次轻微加速，最优模式在 4 个主要控制点 C_2、C_4、C_9 和 C_{16} 前后有减/加速行为，共 5 次，混合模式（$\beta_1=0.7$，$\beta_2=0.3$）除了主要控制点之外，在次一级控制点 C_{12}、C_{14} 和 C_{19} 前后也出现了减/加速行为，共 9 次，而时间最省模式的减加速次数最多，达 14 次；二是控制点之间的最高速度幅值，比如 C_2～C_4、C_4～C_9 之间，最优模式和混合模式都只是加/减速一次，但混合模式加速之后的速度幅度更大。

此外，驾乘最舒适模式的速度曲线波动很小，近乎于恒速，因此在应用于智能驾驶车辆时，可考虑用轨迹曲率最小的方向控制模式与驾乘最舒适的速度控制模式相组合来实现定速巡航，以提供舒适的旅行感受。

图 5-11 是一组混合模式的速度曲线，6 条曲线对应的权值系数组合［β_1，β_2］分别为［0.1，0.9］、［0.2，0.8］、［0.4，0.6］、［0.6，0.4］、［0.8，0.2］、［1，0］，能看到 β_1 的值越大，曲线越向时间最省模式靠拢，并且，速度曲线在幅值变化点处的平滑性变差，表明汽车行驶时的驾乘舒适性有所下降。

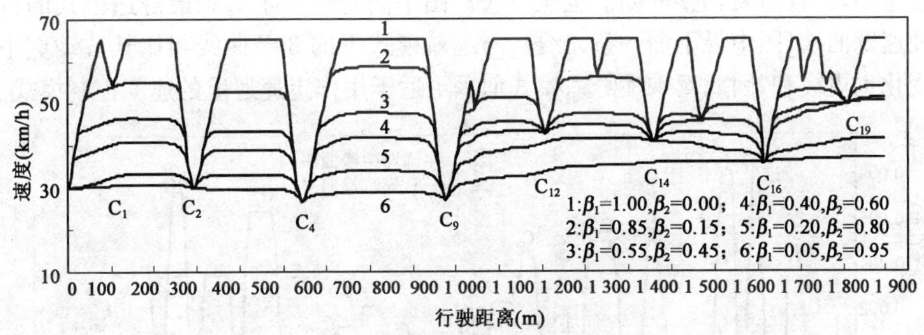

图 5-11　基于混合模式的行驶速度曲线

5.6.3　道路Ⅲ（巡航模式）

图 5-12 中的道路Ⅲ是沿溪线，其线形与前两条公路相比要柔顺很多，并且没有大转角的弯道出现。由于弯道曲率本身已经比较舒缓，驾驶人在过弯时一般不会再去刻意追求过弯轨迹曲率的降低，但会自觉或是不自觉的将车辆控制在行车道的内侧，即指向圆心的一侧，以缩短行驶路径的长度。因此，选择“车道内行驶＋路径最短”的组合目标来模拟此条路上的轨迹决策行为。虽然对向车流较多，限制了车辆不能越过路中线，但驾驶人可以使用同侧的硬路肩，所以将可使用路幅宽度设为 3.75＋0.5＝4.25m，其中 3.75m 是车道宽度，0.5m 是右

侧路肩宽度。完成轨迹决策仿真之后，计算出轨迹的曲率值，如图 5-13 所示。观察此图能看到，对于这样等级较高的公路，使用“车道内行驶＋路径最短”目标得到的轨迹曲率与弯道设计曲率基本相同。

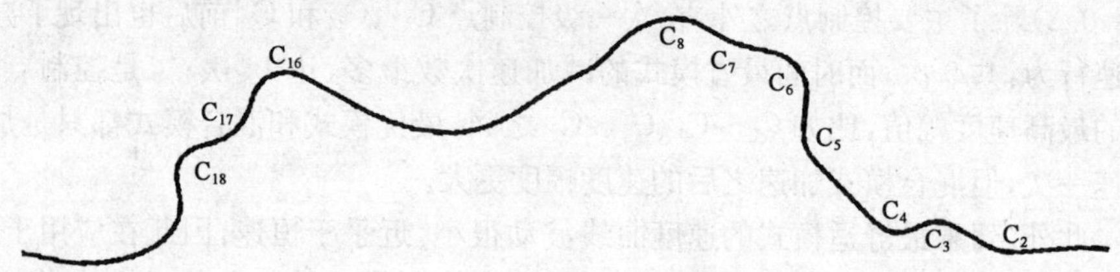

图 5-12　道路Ⅲ的平面线形

然后，设置 65km/h、72km/h 和 80km/h 的 3 种巡航速度，以给定速度偏离最小为目标进行速度决策，得到图 5-14 中的速度曲线。由于设定的参考速度高于一些弯道的临界舒适速度，比如 C_3、C_4、C_{16} 和 C_{18}，在行驶至这些弯道之前均需要减速以维持侧向舒适性。同时，参考速度设得越高，需要进行速度调整的位置越多，并且需要调整的幅值也比较大。图中同时给出了驾乘最舒适模式的行驶速度曲线(图中最下面一条曲线)，与巡航模式下的 3 条曲线相比其波动更小变化也更缓和，因此驾乘最舒适模式似乎更适于用作定速巡航的速度控制模式。

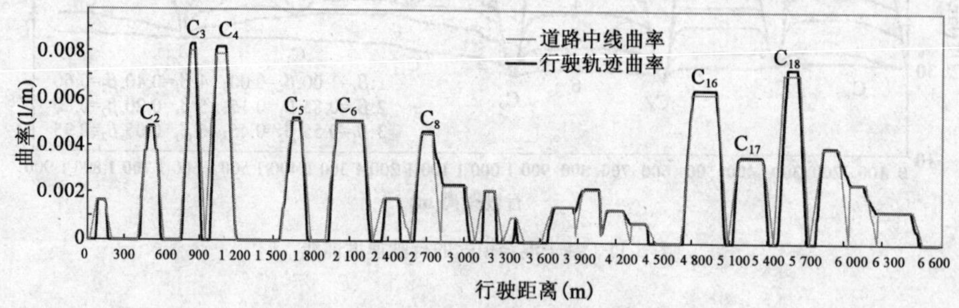

图 5-13　轨迹的曲率变化曲线

5.6.4　加泰罗尼亚赛道(赛道模式)

图 5-15 中的道路Ⅳ是距西班牙巴塞罗那市 24km 的加泰罗尼亚赛道，这条著名的赛道由一条 1km 左右的长直道和 15 个高、中、低速弯道组成，其中 U 形弯 3 个，锲形弯一个。图中标出了主要弯道的名称以及大奖赛时的过弯车速记录，同时还有 6 个直道断面的行驶速度记录值，这些赛场记录值可用于本书算法精度的误差判定。

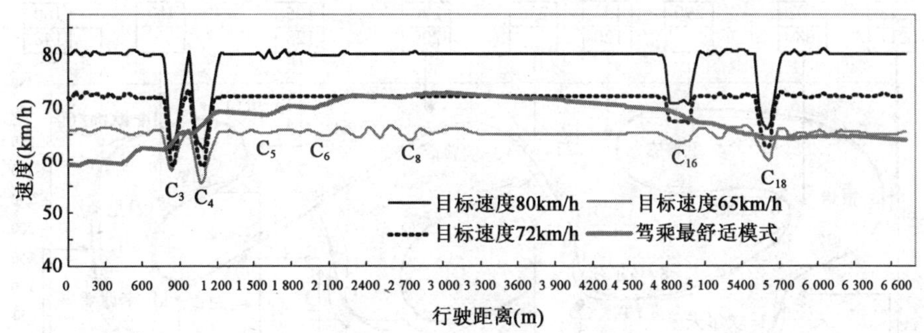

图 5-14　道路Ⅲ的行驶速度曲线

笔者从美国 Digtal Globe 公司获得了快鸟卫星(QuickBird)0.61m 精度的赛道数字影像。先是按 5～20m 的间隔提取出赛道中线的采样点坐标；之后用笔者之前开发的线形拟合程序恢复赛道的平面线形；然后，按比例分别估算出直线以及各弯道的宽度；再使用路面建模程序计算出赛道左右两条边线的坐标数据；最后，以轨迹曲率最小为目标进行轨迹决策，并计算出轨迹曲率，如图 5-15 中的 a)图和 b)图。曲率图中同时给出了赛道曲率的设计值(赛道中心线曲率)，可以看到，赛车手通过充分使用赛道宽度可以明显降低过弯时的轨迹曲率。这样，在极限侧向加速度维持不变时，能够大幅度提高过弯速度，从而更快完成规定圈数的行驶。

图 5-15 中的 c)图是使用时间最省目标优化得到的行驶速度，除在起始的直道上能达到最高行驶速 350km/h 之外，其余路段所能达到的速度最高值主要取决于车辆的加/减速性能，显然，加速性能越好在前方同一位置车辆所能达到的速度值越高。同时，弯间最高速度还与前方正在迫近弯道(低速弯)的过弯速度有关，如果能够提高前方弯道的过弯速度，赛车手可以推迟减速时间点，从而使加速过程延长。而过弯速度受轨迹曲率的影响极大，因此过弯时的轨迹选择和方向掌控极为重要。

将过弯速度与弯间最高速度的仿真值与图 5-15a)中的正赛速度记录值比较，在 6 个直道位置 T_1～T_6，速度仿真值和记录值之间的相对误差不超过 5%，在编号为 1～15 的弯道位置，速度的相对误差不超过 8%。由于误差中的一部分可能还来自于赛道几何要素恢复时的拟合误差，若去掉这一部分，速度误差会进一步减小，这表明本书的速度优化算法以及笔者之前的行驶轨迹优化算法具有足够的精度和可靠性。

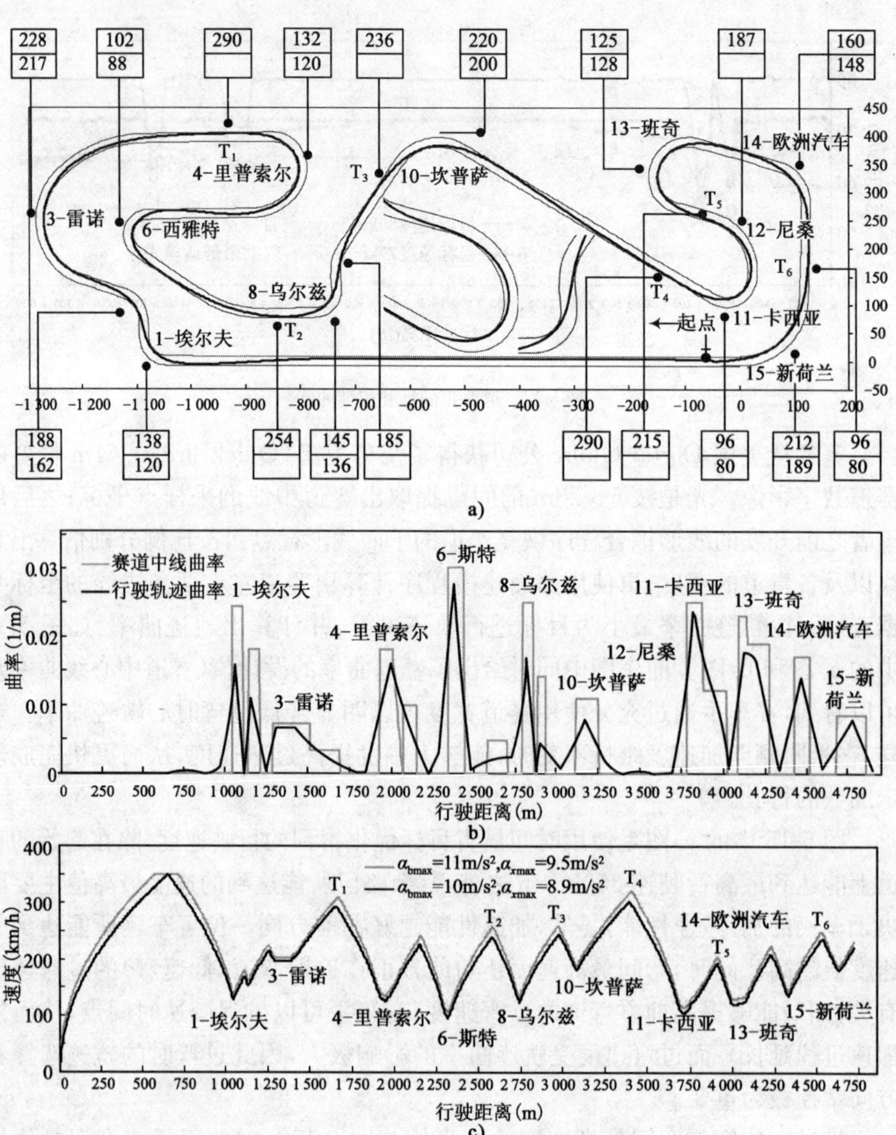

图 5-15 加泰罗尼亚赛道的轨迹/速度预测

5.7 本章小结

为了在复杂道路(比如山岭区公路)上实现单车或是车队头车的自动驾驶，需要根据前方的道路因素和车辆当前的行驶状态进行速度决策，但目前的速度

决策算法或是 V_{85} 模型无法满足这个要求。为此，本章研制了基于前视轨迹曲率的速度优化算法，在行驶中先是决策出车辆前方若干个断面上的轨迹点，计算出每个轨迹点位置的轨迹曲率，作为速度决策的输入数据；然后从时间最省、驾驶舒适、速度偏离最小中选择一个目标（或是进行多目标加权组合）；在速度界限约束、纵向动力性/舒适性以及侧向舒适性的约束下进行滚动时域计算，得到沿行驶距离变化的速度曲线。

本章最后一节在 2 条复杂公路、1 条平缓公路和 1 条 F1 赛道上进行了行驶轨迹/行驶速度仿真实验，将不同的轨迹优化目标（方向控制模式）与不同的速度优化目标（速度控制模式）相组合，得到了多种驾驶模式下的行驶速度曲线，能够满足真实世界中驾驶行为多样化的模拟需求，也在很大程度上解释了公路上行驶速度的差异性。

本章的速度决策算法可应用于车辆的智能速度控制、驾驶人模型中的速度控制模型以及基于速度曲线的公路几何设计安全性评价。由于作为速度优化计算数据来源的行驶轨迹是在可使用路幅边界的约束下得到，弯道半径、转角、回旋线、路宽、弯道偏转方向以及路面障碍物这些用来确定路幅边界的道路变量都可以影响到行驶速度。因此，应用本章算法在进行公路设计评价时能够实现对更多几何要素的调整和控制。

最后需要说明的是，本章约束条件中的制动减速度、纵向加速度以及侧向加速度界限是针对公路上小客车和大客车的测量数据得到。对于货车而言，载质量、轴数、发动机功率、重心高度、轮距等参数在不同车型之间相差极大，即使是同一辆货车，空载与满载后的行驶状态也有明显的差别，因此很难设定一个统一的界限。在实际仿真中，研究者可以根据要分析的具体车辆类型（轴型组合、载质量、发动机类型）自行设定约束界限。同时，针对小客车/大客车的界限值设置，也主要是考虑一般的公路驾驶，对于特殊条件下的行驶工况，比如汽车性能测试/仿真测试，也可根据实际情况自行设定。

第6章 “轨迹—速度”协同控制的平面线形设计方法以及工程实例

6.1 新方法的设计思想

在本书的第2章和第3章我们根据多条公路上的测量数据对设计速度和运行速度方法各自的适用性进行了评述，分析了由于现有方法对真实行驶情况考虑不足所引起的设计缺陷；随后提出了“行驶轨迹一行驶速度”协同控制的路线(平面线形)设计方法及其设计思想。在本书的第4章和第5章我们分别给出了实现新方法的关键技术，即基于“人—车—路(环境)”协同考虑的行驶轨迹决策算法和行驶速度决策算法，将二者有机结合在一起便能够将我们的新设计思想转换成可以直接应用于公路平面线形设计的方法和手段。

新方法的设计思想是：在路线走向(假设已经确定)、地质条件、地形地貌、土地利用、远景交通量以及交通组成等因素的综合作用下初拟一个设计速度，得到一个满足规范要求的初步设计方案，根据路线方案的几何要素值计算出路幅边界坐标；然后确定出与公路性质相匹配的典型驾驶模式，设置与典型驾驶习惯对应的决策目标和权值系数，根据选定车型的力学性能和行驶环境设置约束条件；接下来在路幅边界范围内决策出与选定目标对应的行驶轨迹，并计算出轨迹的曲率值；再以轨迹曲率作为数据输入，在各种限制条件的约束下决策出与选定速度控制习惯对应的行驶速度；最后，以轨迹和速度对公路几何设计质量进行检验并根据检查结果对线形参数进行调整，具体包括轨迹与平面线形之间的吻合度检测、轨迹冲突区域检测、加宽合理性检测、基于速度曲线的道路几何设计一致性/连续性评价以及超高和视距的计算，等等。

由于参与路幅边界确定的弯道半径、弯道转角、回旋线、路宽/车道宽、弯间直线长度、曲线偏转方向都能对轨迹形态及其曲率特性产生影响，这些要素值的改变必然也将同时反映在行驶速度的变化上，因此，本书的新方法成功克服了先前或是现有手段只能对弯道半径进行调整的局限。同时，根据轨迹形状在路幅边界内的变化特点及其与路中线/车道中线的拓扑关系能够很容易辨识出行车冲突区域，还可以得到满足特定车辆（比如超长拖车）安全通过要求的极限过弯半径，从而判断出真正需要加宽的曲线位置。因此，与目前正在使用的设计方法相比，本书新方法的优势在于能够全面反映出各种道路几何要素值对驾驶行驶的影响，使设计者在调整这些要素时有据可循，减少以往设计时的主观随意性。同时，由于能够考虑道路上的多种典型驾驶习惯，并能够体现出车辆尺寸、动力性能以及行驶稳定性的影响，更加贴近真实世界中的公路行驶情况，朝“用真实的驾驶行为和车辆特性来控制道几何设计”这一目标又迈进了一步。

6.2 新方法的使用性能

本书提出的新方法是基于“行驶轨迹—行驶速度”协同控制的路线设计理念，而公路上的汽车行驶轨迹和行驶速度是用“人—车—路（环境）”系统优化方法决策得到。因此，如何将驾驶人行为、道路环境、车辆性能以及行驶特性体现在决策目标和约束条件中变得极为关键，前面的第 4、第 5 章已分别阐述了轨迹决策与速度决策各自的目标函数与约束条件，由于在设计时是用轨迹和速度协同进行控制，下文主要阐述如何将二者耦合在一起以及耦合之后所表现出来的整体特性。

由于是使用系统优化方法来决策出行驶轨迹和行驶速度，如何将驾驶人行为、行驶环境、车辆性能以及行驶特性体现在决策目标和约束条件中变得极为关键，表 6-1 是典型方向控制模式和典型速度控制模式对应的目标函数；表 6-2 是进行轨迹—速度决策时的约束条件以及对应的数学关系式。

“轨迹一速度”决策时的目标函数 表 6-1

序 号	决策目标	函数形式	类 别
方向控制模式之一	轨迹长度最短	$\min f_1=\sum_{i=1}^{n-1}P_{ti}P_{ti+1}=\sum_{i=1}^{n-1}L_{ti}$	轨迹决策
方向控制模式之二	轨迹曲率最小	$\min f_2=\sum_{i=2}^{n-1}K_i=\sum_{i=2}^{n-1}\alpha_i/L_{ti}$	轨迹决策
方向控制模式之三	轨迹曲率变化率最小	$\min f_3=\sum_{i=3}^{n-2}\mid K_{i+1}-K_i\mid$	轨迹决策
方向控制模式之四	行车道居中行驶	$\min f_4=\sum_{i=1}^{n}\mid 0.5w_{di}-w_{ti}\mid$	轨迹决策
方向控制模式之五	混合模式	$\min f_5=\beta_1\cdot f_1+\beta_2\cdot f_2+\beta_3\cdot f_3+\beta_4\cdot f_4$	轨迹决策
速度控制模式之一	行驶时间最短	$\min f_6=\sum_{i=1}^{n-1}T_i=\sum_{i=1}^{n-1}2L_{ti}/(V_{i+1}+V_i)$	速度决策
速度控制模式之二	水平加速度最小	$\min f_7=\sum_{i=1}^{n-2}\sqrt{a_{xi}^2+a_{yi}^2}=\sum_{i=1}^{n-2}\sqrt{\left(\frac{V_i^2-V_{i+1}^2}{2L_{ti}}\right)+(V_i^2\cdot K_i)^2}$	速度决策
速度控制模式之三	速度偏离最小	$\min f_8=\sum_{i=1}^{n-1}\Delta V_i=\sum_{i=1}^{n-1}\mid V_i-V_f\mid$	速度决策
速度控制模式之四	混合模式	$\min f_9=\beta_6\cdot f_6+\beta_7\cdot f_7+\beta_8\cdot f_8$	速度决策

"行驶轨迹—行驶速度"决策时的约束条件　　表 6-2

序号	约束条件	数学表达式	类别
轨迹约束之一	行驶边界约束	S. t　$w_b/w_{di} \leqslant S_i \leqslant 1 - w_b/w_{di}$	轨迹决策
轨迹约束之二	侧倾稳定性约束	S. t　$K_i < 0.5 \cdot g \cdot L_b/(V_i^2 \cdot H)$	轨迹决策
轨迹约束之三	侧滑稳定性约束	S. t　$K_i < g \cdot (f_r + h)/V_i^2$	轨迹决策
轨迹约束之四	弯道通过性约束	S. t　$R_i = 1/K_i > R_T$	轨迹决策
轨迹约束之五	障碍物避让	S. t　$S_i \geqslant (w_b + w_1)/w_{di}$	轨迹决策
速度约束之一	最高/最低速度约束	S. t　$V_{min} \leqslant V_i \leqslant V_{max}$	速度决策
速度约束之二	横向稳定性约束	同轨迹约束之二、之三	速度决策
速度约束之三	纵向动力性约束	S. t　$a_{bmax} \leqslant a_{xi} \leqslant a_{xmax}$	速度决策
速度约束之四	纵向舒适性约束	S. t　$a_{btol} \leqslant a_{xi} \leqslant a_{xtol}$	速度决策
速度约束之五	横向舒适性约束	S. t　$a_{yi} \leqslant a_{ytol}$	速度决策

6.2.1 "轨迹—速度"决策模型中的车辆因素

轨迹和速度是车辆运动的表现形式，而车辆运动是车辆系统对驾驶人操作输入的响应，因此车辆性能因素必然会明显影响到运动学行为，从而表现出不同的轨迹和速度特性。在行驶过程中，车辆性能的影响主要表现为对车辆运动学行为的限制，因此可以用约束条件来描述，具体如下：

(1)汽车加速性能

加速能力直接决定了速度升高时的变化率。目前汽车发动机的功率输出范围在 100～420hp(1hp=746W)，功率上限与下限相差仅数倍而已，但从小客车到重型牵引挂车的载质量则是在 2～70t 范围内变化，相差达数十倍。因此，不同车型之间的单位质量比功率差别非常明显，而这种差别在动力特性上的体现就是载质量越大加速性能越差。现场观测显示加速度从小到大的车型依次是重型货车、中型货车、大客车、中型客车、轻型货车、面包车和小客车。

根据公路实测结果，表 6-2 中 $a_{xmax} \in [0.5 \sim 2.75\text{m/s}^2]$，$a_{xtol} \in [0.25 \sim 1.5\text{m/s}^2]$，小客车取上限值，五轴以上重载挂车取下限值，其余车型按载质量大小在区间内取值。a_{xmax} 主要是在赛道仿真或汽车性能仿真时才使用，而一般的公路行驶仿真使用 a_{xtol} 即可，因为舒适性界限通常要低于动力界限。

(2)汽车制动性能

正常路面条件下的车辆制动能力也是与载质量关系最密切。根据公路实测结果，$a_{bmax} \in [0.85, 5.5\text{m/s}^2]$，$a_{btol} \in [0.5, 2.5\text{m/s}^2]$。因此，可以根据汽车载质量从取值区间内选取一个合适的值添加在速度约束四和速度约束五中。

(3)弯道通过性

对于技术标准较低的山岭区国(省)道或是特殊道路,需要检验小半径平曲线是否满足超长车辆的通过性要求,因此设置了弯道通过性约束,即轨迹半径应该高于车辆的最小转弯半径 R_T。

(4)侧滑稳定性

该约束条件适用于重心较低的小客车,要求汽车行驶时横向力系数须低于路面摩擦系数 f_r,可同时(或单独)用于轨迹决策或速度决策。用于轨迹决策时,预期速度 V_i 为已知参数;用于速度决策时,预期轨迹的曲率 K_i 为已知参数。

(5)侧倾稳定性

与侧滑稳定性一样,此约束条件也是同时适于轨迹决策和速度决策,要求行驶车辆不能发生侧翻,因此主要是针对高重心车辆。进行轨迹决策时和轨迹决策时,需要代入车辆的高度参数 H 和轮距 L_b。

(6)侧向舒适性

该约束主要用于速度决策,车辆在对期望轨迹进行跟踪时,弯道行驶速度的选择应该满足侧向加速度低于 a_{ytol} 的条件,不同类型公路上的测试结果表明驾驶员对 a_{ytol} 的接受水平是随行驶条件变化的,线形指标越高,驾驶人越追求舒适的行驶感受,a_{ytol} 的值越小。由于执行现行设计规范的结果通常是车道数越多线形越好,因此根据车道数将公路划分为六车道、四车道和双车道 3 种类型。

我们用公路上的第 85 分位横向加速度观测值来标定 a_{ytol},小客车的 a_{ytol} 标定值为:六车道公路 1.15m/s²,四车道公路 1.68m/s²,双车道公路 3.20m/s²;大客车的标定值取小客车的 0.85 倍;大货车的标定值取小客车的 0.6~0.7 倍。

6.2.2 “轨迹—速度”决策模型中的道路环境因素

驾驶人操纵车辆在公路上行驶,其驾驶行为显然要受到道路环境的影响和限制,笔者设置了以下 3 个约束条件来模拟这种影响:

(1)可使用路幅的边界限制

进行轨迹决策时,显然要保证车辆行驶在可使用路幅之内。在约束条件中,可使用路幅的边界线可以根据行驶场合灵活地确定,可以是路边线、车道线、路肩线或是其他,这取决于驾驶人能够使用的路幅宽度。

(2)最高速度和最低速度

由于动力水平的持续提升,汽车本身的最高速度一直在稳步增加,比如小客车的场地最高速度早已超过 250km/h,但真实公路的行驶速度要受到诸多因素的限制，自由行驶时正常路面上的 V_{max} 主要由道路几何特性决定，车道宽度、路肩宽度、路面总宽和路线平均曲率都会影响到驾驶人对最高速度的选择，而这些因素都与公路技术等级有关。前面第 5 章中的表 5-1 给出了小客车和大客车的 V_{max} 取值。货车由于轴型和载质量组合类别太多，目前尚未取得足够的观测数据，其 V_{max} 值将在笔者后续的研究中给出。

自由流时的公路最低速度通常发生在急弯、陡坡以及弯坡组合段等困难路段，而这些困难路段的指标值是由设计速度决定。当然，也有少部分驾驶人即使在直道上也是喜欢低速行驶。根据公路上的观测值，约束条件中的 V_{min} 取为 $0.7V_d$。

(3)障碍物避让

障碍物的出现会导致车辆前方的可使用路幅宽度发生改变，因此可根据这一特性来进行数学描述，在仿真时将路面障碍物比如路边停车、非机动车或是封闭车道等的宽度 w_1 代入约束表达式后即可。

6.2.3 “轨迹—速度”决策模型中的驾驶行为因素

驾驶人通过自己的操作行为来控制车辆在可使用路幅内的运动(轨迹和速度)，所以，不同的驾驶行为必然在车辆的轨迹特性和速度特性上有所体现。由此，可以根据轨迹形态及其拓扑特性来定义不同的方向控制模式(或是驾驶习惯)，同样，也可以根据速度幅值选择和变化特性来定义不同的速度控制模式。根据行为学理论，每一种行为背后必然有潜在的动机或是预定的目标作为驱动，因此表 6-1 中的每一个决策目标都可以用来描述一种典型驾驶行为模式。在设计阶段，我们选择一个与所设计公路的类型和性质相匹配的驾驶模式，比如等级较低的山岭区双车道公路用轨迹曲率最小的方向控制模式与行驶时间最短的速度模式是比较合适的；而等级较高且预计车流量较大的公路，方向控制模式宜选用车道内行使或是曲率变化率最小，速度模式宜选用定速巡航或是水平加速度最小(行驶最舒适模式)。

关于驾驶行为对行驶轨迹和速度的影响，前面两章已经给出了大量的真实公路计算实例，本章的应用实例部分还将重点阐述。

6.3 新方法的适用环境

根据前文的分析，新方法相对于目前正在使用的设计速度方法和运行速度方法的优势在于：其一，对于单个弯道而言，除了弯道半径之外还能把转角、回旋线、幅宽和平曲线长度等要素的影响考虑进来，因此可以帮助设计者实现对更多平面几何要素的控制；其二，能够把相邻弯道的影响考虑进来，比如前方弯道的几何参数（半径、转角等）、偏转方向（与当前弯道是同向还是反向）和弯间距，设计者因此可以对连续弯道进行参数控制。所以，需要分析新方法的这两个优势在哪种速度环境和地形条件下才能够得以体现。

首先分析地形条件的适用性。当公路穿越平原或是微起伏地形时，直道所占得比重最大，而弯道通常只有在避绕地物或是在控制点附近才使用，因此比例很小，连续弯道出现的比例自然更低。相反，当公路是在崇山峻岭或重丘等剧烈起伏地形中穿行时，为了避免巨大的土石方量和圬工量，同时也为了减少对植被和水文地质的破坏，路线会尽可能的顺适地形，曲线则具有天然的优势因此所占比重很大，一般都在50%以上甚至可以达到85%左右，且S曲线、卵形线、无中插复曲线以及中间以短直线相连的反向/同向曲线等连续弯道的出现频率非常高。因此，可以认为起伏地形的公路路线设计更适合采用本书的新方法。

接下来讨论速度环境的适用性。我国设置了120、100、80、60、40、30和20km/h等7种设计速度供设计者选用。根据目前的道路行驶特点、车辆性能和发展趋势以及驾驶人对速度的感受和辨识度，本书将使用120和100km/h设计标准的公路称为高速行驶环境，选用80和60km/h设计标准的公路为中速环境，40km/h及以下的公路为低速环境。我们在四车道和双车道公路上的观测结果表明，当弯道半径超过370～390m或弯道长度超过300m时驾驶人更愿意行驶在车道内；反之，则表现出侵占对向车道或是路肩的倾向以图获得一个较大的轨迹半径来高速过弯。并且，半径越小弯道长度越短，这种倾向表现得越强烈。现行的《公路路线设计规范》（JTG D 20—2006）规定100km/h设计速度的最小极限半径为400m，因此，当设计标准采用100和120km/h时，公路上的驾驶行为基本符合目前方法的设计假定（行车道内居中行驶），本书新方法的优势得不到充分体现。

而当设计速度不超过80km/h，特别是在60km/h以下时小半径曲线经常出现，驾驶人在曲线行驶时有强烈的轨迹调整意愿，或是为高速驶过弯道缩短行驶时间，或是为提高行驶舒适性，或是为缩短行驶路径。并且，设计速度越低，相邻两曲线之间的直道越短，弯道之间的影响越容易传递，本书新方法恰恰善于描述和模拟这种影响。因此，可以认为在中低速环境下使用本书新方法可以充分发挥其固有优势，能够有效改善几何线形与车辆特性和驾驶人行为之间的匹配性，从而提高路线设计质量。

6.4 新方法的设计流程

考虑到我国公路设计人员在过去几十年中长期使用设计速度方法的工作习惯，同时也考虑到设计速度在初步设计阶段确定几何要素取值界限的实际作用，在当前阶段本书的新方法可转化为若干个设计步骤补充进现有的设计流程中，如图 6-1 所示。不难看出，这在实质上相当于用本书新方法取代目前的运行速度方法（V_{85}模型）来完成初步线形设计方案的一致性检查，包括轨迹与线形的吻合度、加宽合理性、冲突区域的识别、运行速度的协调性，以及超高、视距、竖曲线半径的验算，然后根据分析结果对几何要素值进行调整，直至获得符合要求的路线设计方案。

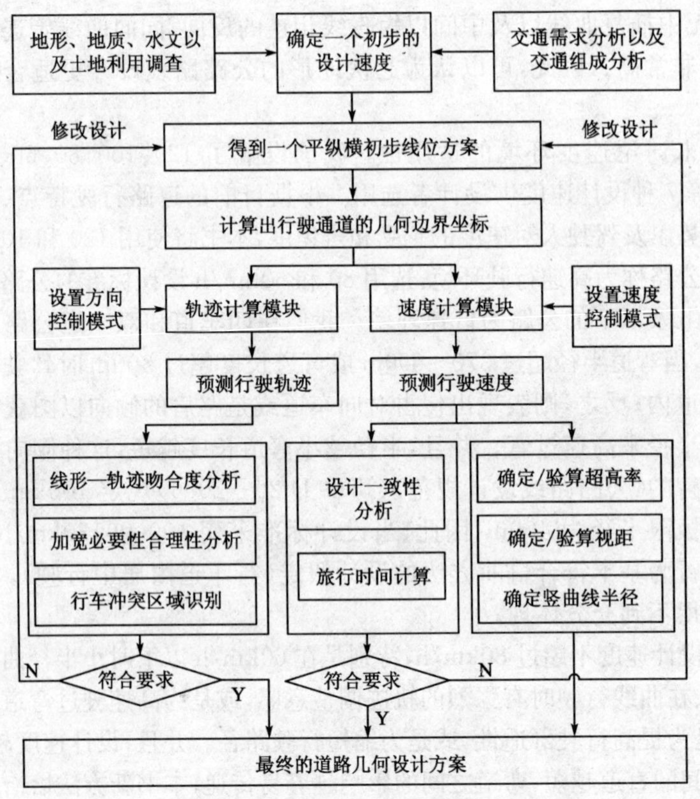

图 6-1 加入本书新方法后的路线设计流程

目前国内还有一些公路设计单位是使用优化软件来完成路线方案设计，在指定好设计速度、路线控制点、最大隧道长度、最长墩高等约束条件之后，软件在三维地形空间内自动搜索“最优”的路线。是否“最优”则是通过比较目标函数的极值来判定，其中最常用的优化目标包括工程建设费用、养护费用、车辆运营费用、环境影响等。安全性和舒适性作为公路交通的一个重要内涵，显然有理由作为路经的优化目标。由于本书的新方法在预测出行驶轨迹和行驶速度之后，可以进一步得到轨迹冲突区域、线元间速差、加/减速度和侧向加速度等参数，从而能够准确的描述路线设计的安全性和舒适性水平。因此，可以将本书的算法补充到现有的路线优化软件中，如图 6-2 所示，使其在搜索路线解空间时，能够同时照顾到行驶安全性和行驶舒适性，进而提升公路运营后的行驶质量。

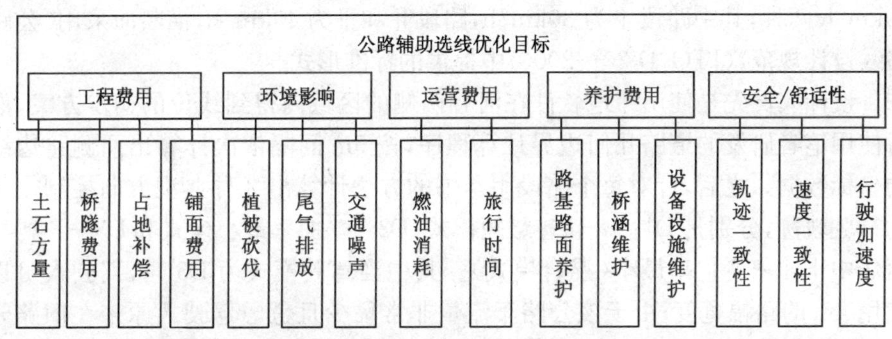

图 6-2 路线优化目标

由于本书的方法能够得到多种典型驾驶模式下的行驶速度曲线，而这可以为其他优化目标的计算提供决策支持，比如要合理计算出燃油消耗、噪声和尾气都需要提供速度工况；根据速度曲线还可以直接得到旅行时间，为公路服务水平预测以及为道路用户提供出行信息提供基础数据。

6.5 公路路线设计实例

选择四川省 S217 甘孜—新龙—理塘君坝河大桥段公路改扩建设计（实例一）和甘孜州泸定县猫磨路改建工程（实例二）作为本书新方法的依托工程。

6.5.1 S217 改建工程

S217 甘孜—新龙—理塘君坝河大桥段原来的设计速度为 20km/h，4 级技术标准，沿着奔腾的雅砻江蜿蜒而下，在一些河嘴位置经常有 30m 半径以下的急弯甚至是回头曲线，部分路段甚至是未经铺装的沙土路面。由于纵横交错的支流要从两侧汇入雅砻江主河道，还有不小比例的过水路面，路况非常恶劣。虽然日车流量不足500辆，但其中大多数是前往稻城亚丁的自驾游出行者，这样的行驶条件显然无法让他们满意。为此，甘孜州政府决定对该路进行扩建，以改善道路用户的行驶质量和旅途感受。由于路线所穿地形大部分是崇山峻岭，地质构造异常复杂，砂岩与板岩交错且滑床很陡。在雅砻江峡谷内选线，可以获得最小的土石工程量，同时对坡面的切割和扰动也最小，因此，新的路线方案仍是沿雅砻江两岸布线。

本书以K100＋580～K102＋400、K110＋423～K112＋740和K136＋153～K140＋246段为例来说明新方法的应用过程，为方便下文将其简称为路段Ⅰ、路段Ⅱ和路段Ⅲ。根据沿线的地形特点，新方案的设计速度含30km/h和40km/h两种，其中路段Ⅰ为30km/h，路段Ⅱ和Ⅲ为40km/h，横断面采用《公路路线设计规范》(JTG D-20—2006)中提供的标准形式。

设计人员先是使用纬地软件在河谷两侧的区域内得到线位的初步方案，然后使用笔者研发的道路几何边界计算程序，按5m间隔依次计算出两侧路边线的坐标数据。之后，针对每个路段用本书的方法计算出3种典型方向控制模式的行驶轨迹，分别是D1——轨迹最短模式、D2——曲率最小模式和D3——行车道居中＋曲率变化率最小(混合模式)。其中当驾驶模式为D3时，驾驶人可以使用4m的路幅宽度；由于该公路车流量非常稀少且考虑驾驶人原来在旧路未划车道线和边线时的操作习惯，方向控制模式为D1和D2时驾驶人可使用的路幅宽度为6.5m。最后，根据每一种轨迹的曲率数据决策出行驶速度。由于是以行驶安全性作为线形调整的主要考量，而高速行驶时更容易发生行车事故，因此，选择行驶时间最短目标作为速度控制模式，令其为S1，因此驾驶模式(方向控制模式和速度控制模式的组合)共包含3种，分别为D1＋S1、D2＋S1、D3＋S1。

(1)路段Ⅰ

该路段的平曲线转角普遍较小，对驾驶人轨迹选择行为的约束作用相对较弱，通过对路幅宽度的充分利用驾驶人可以很容易实现对轨迹形态以及曲率的调整，因此在一些弯道位置轨迹形态与道路平面几何之间的一致性/吻合度较差。图6-3给出了路段的平面几何线形以及3种驾驶模式下的轨迹决策结果，根据此图并结合曲率图6-4，能看到3种模式的轨迹曲率除了在C_7和C_8位置比较接近之外，在其余10个弯道上差别非常明显。其中，模式D1的轨迹曲率在C_4和C_6之外的其余10个弯道上都是略高于弯道设计曲率(路中线平面曲率)，这是由于为了缩短行驶距离车辆一直行驶在弯道内侧所致(弯道内侧的半径要低于弯道外侧)，但在三种典型模式中D_1仍是与弯道设计曲率最接近的一种驾驶模式。而模式D2时，轨迹曲率在除C_7～C_8之外的弯道上都是显著低于设计曲率，且降幅都在 50%以上，意味着舒缓轨迹曲率的效果是非常明显的，除了在 C_5～C_8 这一区段上能看到轨迹曲率与路中线曲率在峰值上的对应之外，在其余位置轨迹几乎不存在一致性，因此 D2 模式的轨迹形态是与平面线形差异最大的 1 种，并且与模式 D3 相比降幅更加明显。在差异程度上，介于二者之间的是模式 D3。

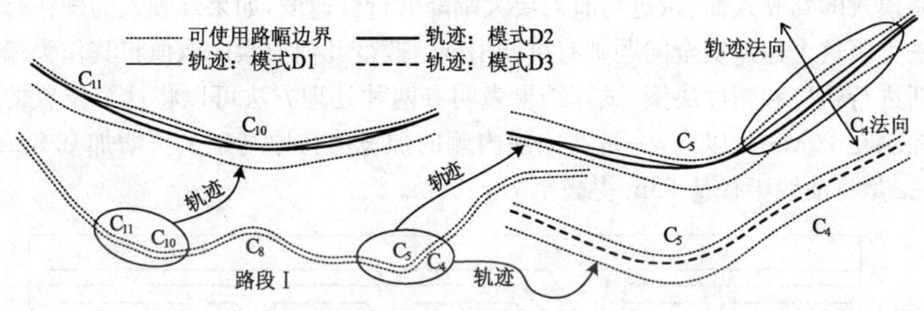

图 6-3 路段 I 的行驶轨迹决策结果

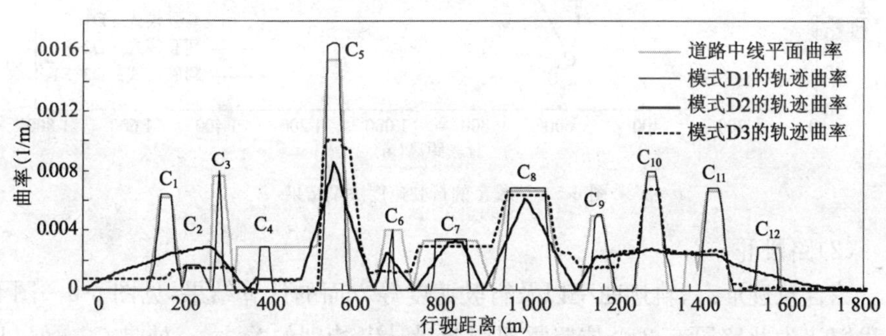

图 6-4 路段 I 的轨迹曲率以及路中线曲率

观察各个弯道的几何特征，我们发现 C_7 和 C_8 的长度要明显大于剩余的 10 个，因此可以认为弯道越长驾驶人的方向控制行为越趋于一致，反之则会表现出多样化的特征。同时，由于弯间的直道较短，直道上的轨迹曲率多数情况下并不为零，比如驾驶人以模式 D2 在由 4 个弯道（C_9～C_{12}）组成的同向曲线上行驶时，为了降低轨迹曲率在弯前和弯后的直线上都是将车辆靠向外侧，因此短直道上的轨迹是呈曲线状态，这与实际的公路行驶情况非常一致。

根据轨迹与平面几何线形之间的吻合度，能够判别 C_4 的设计是有问题的，理由是采用 D2 模式的驾驶员从 C_5 驶向 C_4 时，C_4 与其上的轨迹在法向上指向相反即 C_4 是右转弯，圆心方向（法向）位于右侧，而轨迹却是向左偏转，这会产生 2 个我们不愿意看到的结果：一是车辆在 C_4 范围内驶离路面的可能性大大增加；二是超高引起的侧向力与离心力同向，车辆受力状态严重恶化，增加了车辆侧滑或是侧翻的潜在威胁。一个有效的解决办法是微调 C_5 的转角，然后将 C_4 拉成直线。

图 6-5 是 3 种驾驶模式下的行驶速度决策结果，根据速度曲线我们认为 C_5 的几何参数是需要调整的，因为对于习惯于采用轨迹最短和居中行驶两种方向控制模式的驾驶人而言，进弯时需要大幅降低行驶速度，如果驾驶人的操作行为无法克服这个速差安全问题则有可能出现。改变几何要素的取值将其作为输入重新进行轨迹和速度决策，试算结果表明有两种处理方法可以将这个位置的速差控制在 20km/h 以内：一是将曲线内侧的加宽值在原基础上再增加 0.8m 左右；二是将曲线半径从 65m 提高至 78～80m。

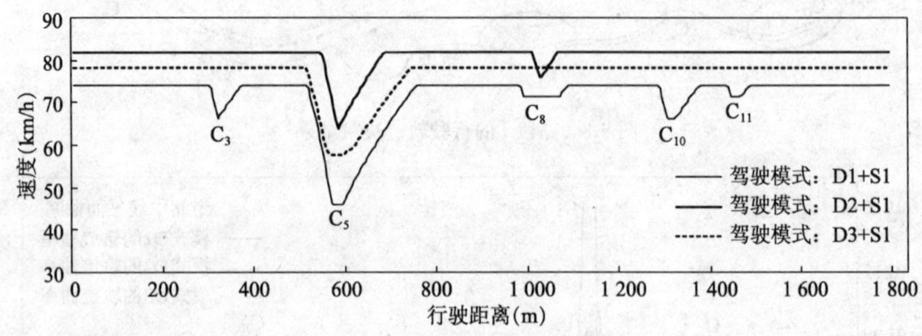

图 6-5　路段Ⅰ的行驶速度决策结果

(2)路段Ⅱ

综合轨迹形态、轨迹曲率以及行驶速度等方面的计算结果，见图 6-6～图 6-8，我们认为此路段有 2 个位置需要引起设计者特别的关注，一处是 C_{16}～C_{18} 区段，另一处是 C_{20}～C_{22} 区段。

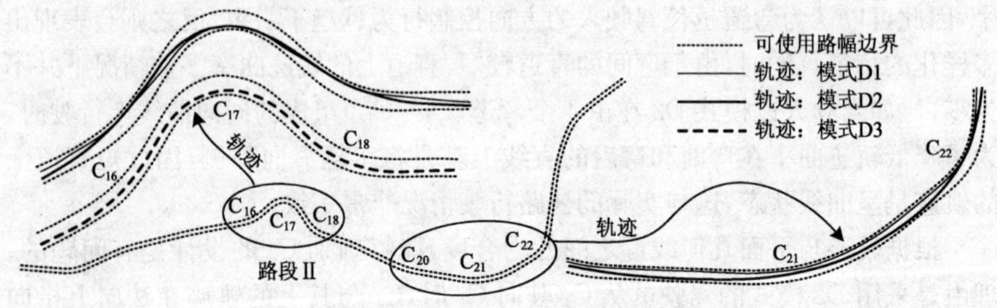

图 6-6　路段Ⅱ的行驶轨迹决策结果

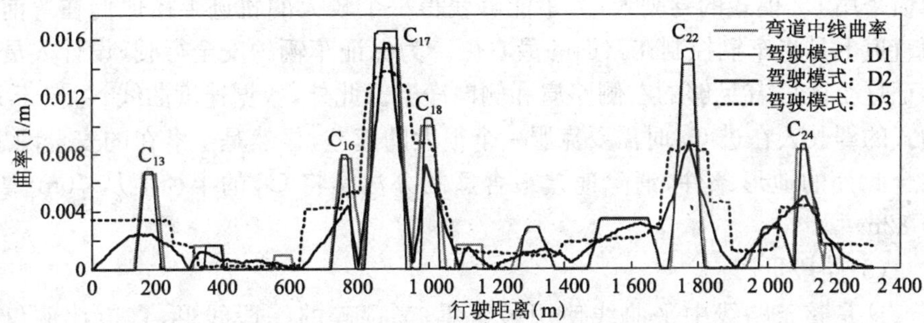

图 6-7 路段Ⅱ的轨迹曲率以及路中线曲率

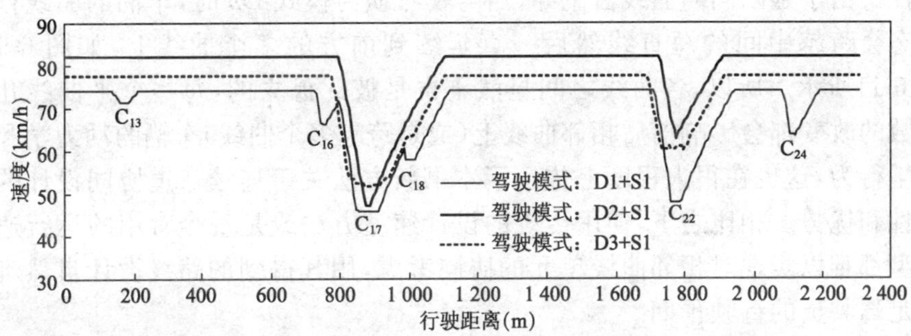

图 6-8 路段Ⅱ的行驶速度决策结果

C_{16}～C_{18}区段的线形特征是一个小半径大转角曲线在两端分别连接一个反向的中等半径的小转角曲线。采用模式 D2 时，驾驶员在C_{16}之前和C_{18}之后的直道上有充分的余地来调整轨迹，因此这两个弯道的轨迹曲率明显低于弯道设计曲率，车辆能够以较高的速度驶入弯道C_{16}或是C_{18}而不会出现安全问题。而C_{17}则是与两侧相邻的曲线直接相连，中间没有直道，因此从C_{16}或是C_{18}驶进C_{17}时可供驾驶人进行轨迹调整的长度显然不充裕，加之该弯道转角很大，弯道上的轨迹形态与另外 2 种模式非常接近，轨迹曲率与弯道曲率相比也并未取得任何的降低，因此有一个非常大的不可接受的速差出现。反观驾驶模式 D1，由于在C_{16}和C_{18}上已经有降速行为，C_{16}～C_{17}、C_{17}～C_{18}之间的速差反而并不明显。

为了增加这一区段的行驶安全性，显然有必要对线形做出调整。根据变更线形要素值的试算结果，有以下 3 种方案可供设计人员选择：一是将C_{16}的半径从 130m 降至 105m；二是将C_{17}的半径从 65m 升至 80m；三是维持弯道半径不变，而将C_{17}和C_{18}的转角同时减小 10°左右。

再看C_{20}～C_{22}区段，这是一个典型的中间以短直道连接的同向曲线。对于习惯采用D2模式的驾驶人，为了能够获得一个较大的轨迹半径他们在弯前的短直道上是将车辆控制在路面的最右侧。为保证车辆的安全行驶，设计人员要保证这个区段有足够的右侧路肩和侧向净空。此外，根据速度曲线，习惯于D1模式的驾驶人在进 C_{22} 时需要克服一个很大的速差，显然是个潜在的安全隐患，结合此处的地形条件，消除速差最合适的办法是将 C_{22} 的半径值从70m增加至82m。

(3)路段Ⅲ

这是整条路线中平曲线使用最密集、最琐碎的一段线形，直道比例仅占20.5%，因此驾驶人在行车时需要不断地调整行驶方向以保证轨迹位置的正确性。由于是以同向曲线占主导，当驾驶习惯为模式D2时，车辆的曲线行驶状态会跨越中间的短直线然后一直延续到前方的多个曲线上，如图6-9～图6-11所示。所以，各曲线之间显然不再是彼此孤立的，每一个平曲线几何参数的改变都会影响前后相邻曲线上(或是跨越多个曲线)车辆的动力学和运动学行为，这也在很大程度上佐证了本书新方法关于连续弯道协同设计的必要性和优势。相比之下，使用传统的设计速度方法或是现今常用的运行速度模型都难以实现对相邻曲线单元的协同考虑，用其得到的路线设计自然难以满足驾驶员的行驶预期。

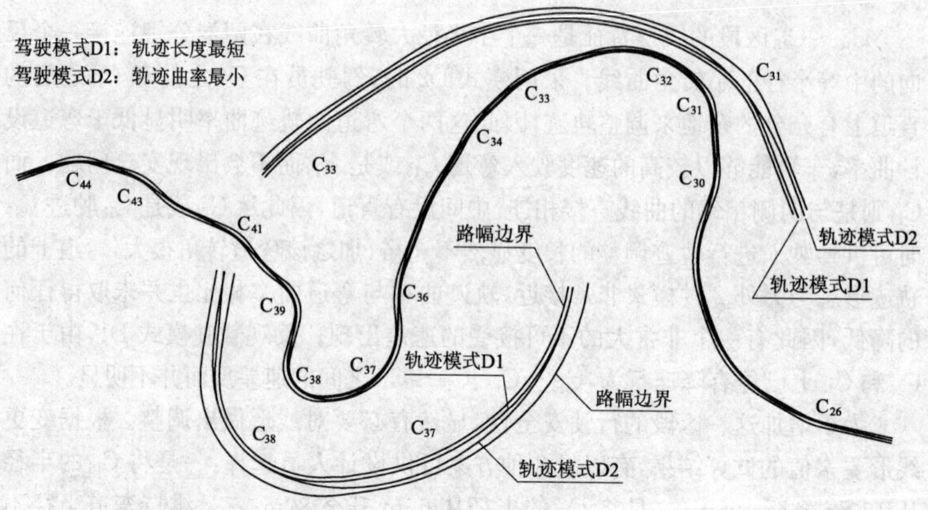

图6-9　路段Ⅲ的行驶轨迹决策结果

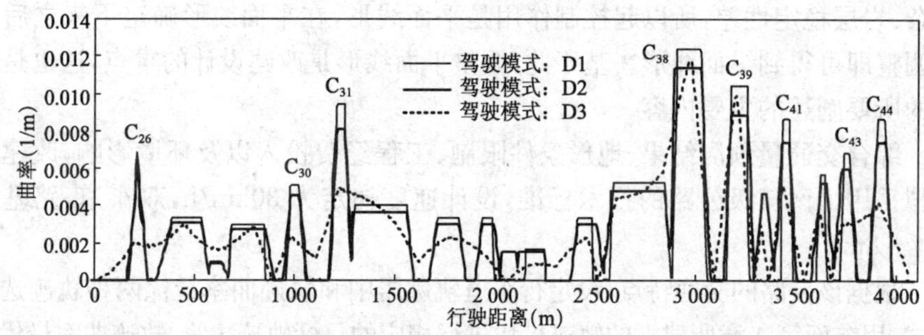

图 6-10　路段Ⅲ的轨迹曲率以及路中线曲率

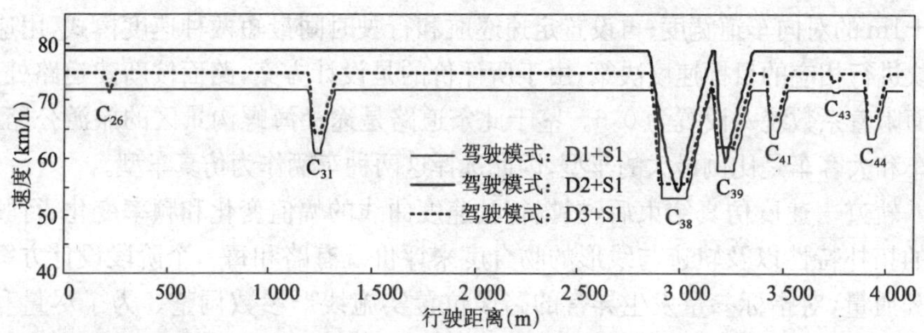

图 6-11　路段Ⅲ的行驶速度决策结果

根据速度曲线，此段路线的问题主要是发生在 C_{38} 位置，这是由于前一个弯道 C_{37} 的曲率半径过大，驾驶人可以维持一个较高的过弯速度，而驶进 C_{38} 时弯道曲率半径的骤然减小无疑会给驾驶人的速度控制和方向控制带来一定的难度，从而对行驶安全造成威胁。改变线形要素取值，重新进行汽车行驶轨迹和行驶速度的决策仿真并进行多次试验，试算结果表明有两种处理方法可以解决这个位置的安全隐患：一是在减小 C_{38} 转角的同时增加 C_{37} 的转角，并对两个弯道的半径值进行微调；二是将 C_{38} 与 C_{37} 的半径极差控制在 35％以内，同时对两个弯道的转角进行微调。

6.5.2　猫磨路改建工程

猫磨路位于四川省甘孜藏族自治州州泸定县，起于猫子坪大桥止于磨西镇（通往海螺沟景区，著名的冰川森林公园），四级技术标准，设计速度为 20km/h，路面宽度 5.5～6m，虽然所穿越的为山岭地形，但该线路是沿大渡河两侧伸展，仍属于典型的沿河线，纵面高差变化并不是很大。由于路基是在沿河一侧的山体坡面上开挖而成，平面位置稍有改动都会造成很大的工程量变化，且沿线地质复杂、岩层稳定性差，所以起控制作用是平面线形，在平面线形确定下来之后稍作调整即可得到纵面线形。基于此，调整平面线形是改建设计的重点，这也是本节的所要阐述的主要内容。

综合交通量预测结果、地形条件限制、工程经费投入以及环境影响，改建方案拟采用山区三级公路的技术标准，设计速度初定为 30km/h，双车道，路基宽度 7～8m。

根据该公路的交通特点，设定行车道轨迹居中和轨迹曲率最优两种轨迹选择模式，用前面第 4 章所建立的轨迹模块进行相应的目标轨迹决策，轨迹曲率最优决策时驾驶人可使用的路幅宽度设置为 5m，即 3.5m 的行车道宽度＋0.5m 的硬路肩＋1m 的对向车道宽度；再设置定速巡航和行驶时间最短两种速度模式，用速度模块进行相应的目标速度决策；由于所评价的是设计方案，路面按新建道路处理，路面附着系数统一设置为 0.6。鉴于此条道路是途径海螺沟景区的旅游公路，小客车和大客车是比例最大的车型，因此选择这两种车辆作为仿真车型。

轨迹—速度仿真结束后，根据行驶速度曲线的幅值变化和频率变化、行驶轨迹的拓扑特性以及轨迹与线形的吻合度来评价既有路和每一个阶段设计方案的行驶质量，对指标参量发生异常的路段位置实施线形参数调整。为了尽量利用原有的路基，减少工程量并降低环境影响，首先进行既有路的仿真实验以及质量评价，找出存在严重安全隐患或者舒适性很差的位置进行局部改线，然后重新开始轨迹和速度仿真，检查线形调整的效果，发现问题之后再作调整，如此反复直至得到相对满意的方案。由于文章篇幅所限，本书将繁琐的中间调整过程简化归纳成两个步骤进行说明，即对既有路进行局部改线之后得到调整方案（步骤一），对调整方案进一步修改之后得到最终方案（步骤二）。

1）运行速度检验

为了获得运行速度计算所需的轨迹曲率，先进行行驶轨迹决策仿真，其中小客车考虑了车道内行驶和轨迹曲率最优两种驾驶模式，而大客车是由经过安全培训的职业驾驶员所驾驶，只计算车道内行驶这种“合法”的驾驶模式。然后以行驶时间最短为决策目标进行基于轨迹曲率的行驶速度决策，图 6-12 分别给出了既有路、调整方案和最终方案的行驶速度曲线，每一阶段都计算了小客车和大客车两种车型。

根据幅度的大小可以将既有路的运行速度波动分为两类[见图 6-12a)]：第一类是速度波动不大的 A_1～A_5 位置；第二类是波动非常显著的 C_1～C_4 位置，其中 C_2 和 C_4 是回头弯，线形调整余地很小，特别是 C_2 如果要予以消除将会产生很大的工程量。在第一次调整中我们修改了 A_4、A_5、C_1 和 C_3 的线形，其中 A_4、A_5

改线前后的几何参数变化见图 6-13；C_1 和 C_3 位于线形困难的后半段，其调整过程见经过放大后的图 6-14。经此修改之后，调整方案中 A_5 位置的速差被消除，C_1 和 C_3 两处的速差也从原来的 30km/h 和 20km/h(以车道内行驶的小客车为例)分别降至不足 15km/h 和 13km/h，见图 6-12b)，线形的一致性得到了明显改善。

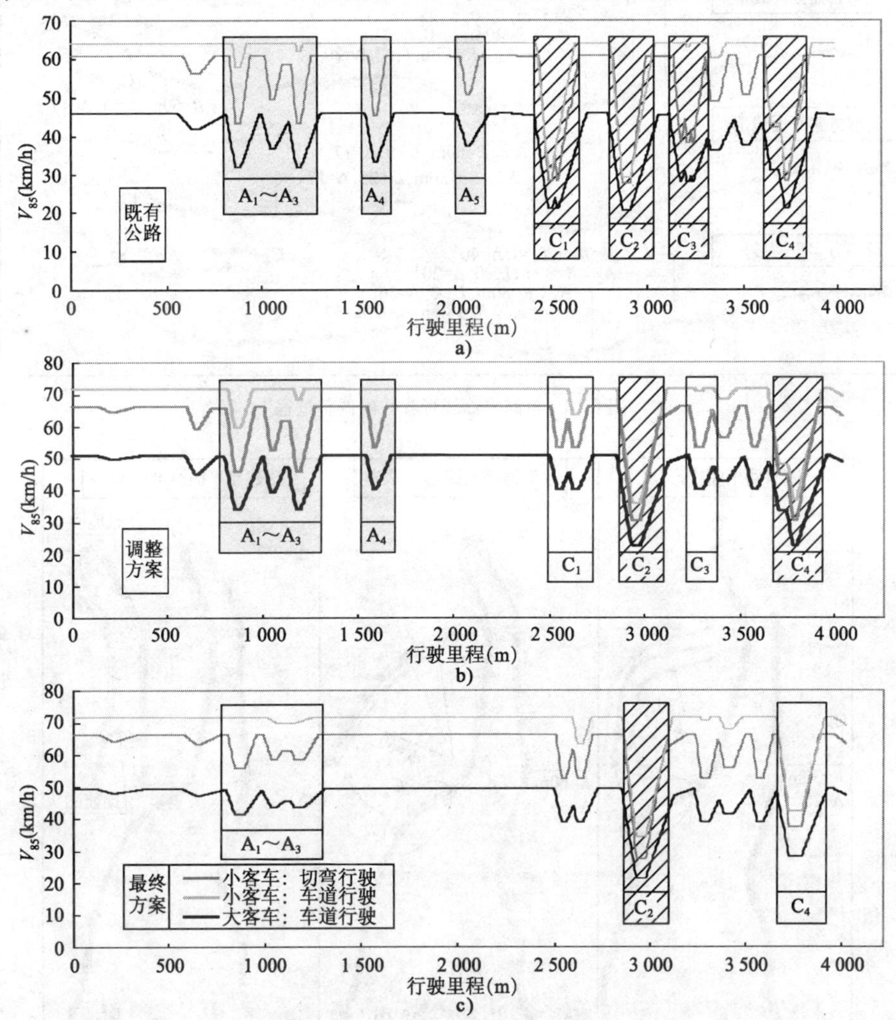

图 6-12 公路上典型车型的运行速度曲线

在第二次调整中，我们主要修改了 $A_1 \sim A_4$ 和 C_4 的线形参数，修改过程见图 6-13 和图 6-14，经过修整之后 $A_1 \sim A_3$ 区段的速差比原来减小一半以上，而 A_4 位置的速差则消失不见[见图 6-12c)]。需要重点阐述的是 C_4 的调整过程，此弯道原来是一处典型的无中插复曲线，但构成复曲线的两个同向圆的半径比大于 2，因此，路线曲率在衔接点位置存在突变，而这会给从大圆驶向小圆方向的车辆轨迹控制带来困难。在此次修改中，我们将其改成了一个"缓 1＋圆＋缓 2"的基本型单元，消除了轨迹曲率骤变可能带来的行车隐患。

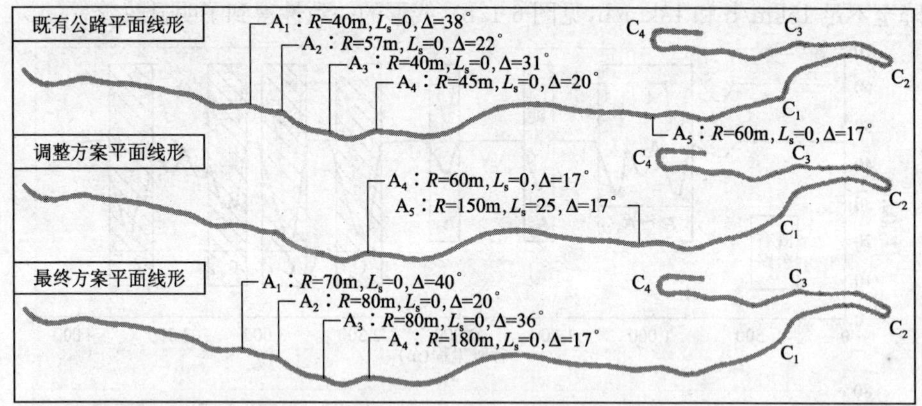

图 6-13　公路平面线形参数的调整过程

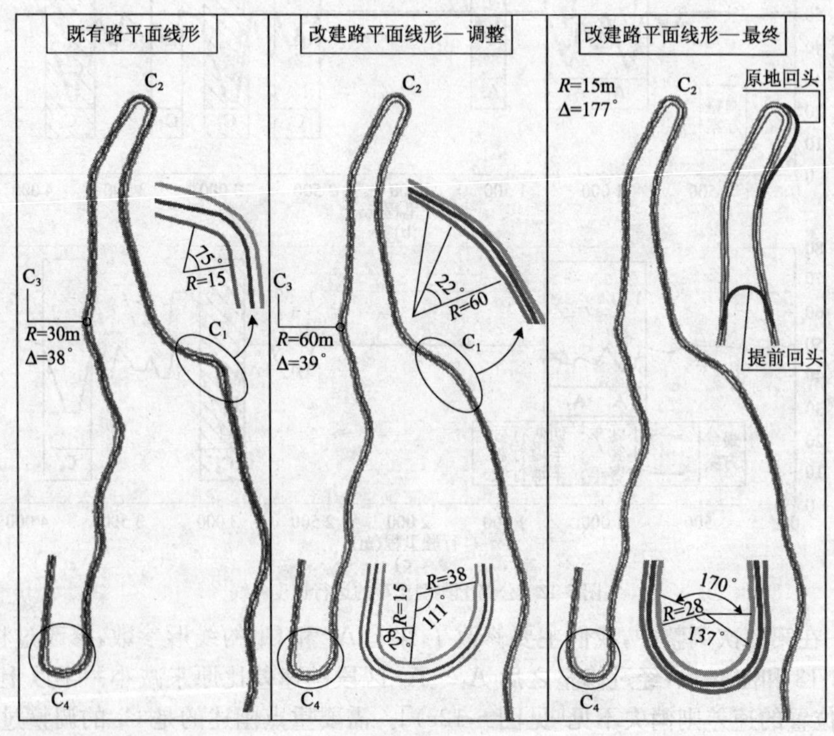

图 6-14　几个困难位置的线形参数调整过程

在两次修改中，回头曲线 C_2 的线形一直没有变化，仍维持原来的 15m 半径。这是由于若要将弯道半径增加至符合规范要求的 30m，需要使用图 6-14 最右侧一幅所示的方法进行处理，一是提前“回头”，但代价是必须增加回头弯之前一定长度路基的开挖深度，以使回头弯前后的坡度值符合《公路路线设计规范》(JTG D-20—2006)的指标值限制；二是仍在原地回头，但需要改变回头之前或是回头之后一段路线的平面位置。因此，这两种方案都会导致很大的土石方量，在给原本就非常脆弱的地质环境造成破坏的同时还会增加新的不稳定因素比如雨天滑坡、落石、坍塌等，以至于有可能影响道路的正常通行。如果仅根据速差来判断，此回头曲线是不满足一致性要求的(超过了 20km/h)，但弯前弯后均有一定长度的直道，视线良好，从两个方向驶入均可以提前观察到弯道的存在，因而驾驶人可以提前做出反应，在实际上行驶安全性并不会像预想的那般严重。并且，驾驶人在过这类弯道时注意力通常会非常集中，事故率反而会低于其他类型的弯道。

但为了防止夜间行车事故，我们仍采取了以下 3 种安全措施：一是在弯前设置了急弯线形预告标志，提醒驾驶人提前做好进弯准备；二是根据前面的运行速度计算结果，在弯道前方设置了 20km/h 的限速标志；三是在弯道外侧设置了“《 《 《”线形诱导标志，以安全引导车辆行进。

2)轨迹偏差检验

在实际的山岭区双车道公路行驶中，由于车流量通常非常少，驾驶人在很多时候可以占用一部分甚至是整个对向车道，过弯时还可以侵入内侧路肩(右转弯)，因此驾驶人可以在超过一个车道宽度甚至是整幅路面内来选择目标轨迹。与交通拥挤时驾驶行为的趋同性不同，在自由流情况下驾驶人的行为模式呈多样化特征，而不同的驾驶模式对应不同的轨迹选择行为，这导致车辆过曲线时其行驶轨迹偏离行车道中线的比例非常大。根据观测结果，切弯是山区双车道公路上最常见的一种驾驶模式，其比重至少在 35%～60%以上。

笔者的研究表明轨迹曲率最优最适合描述驾驶人在山区双车道公路上的切弯行为，因此用其作为轨迹决策目标进行轨迹仿真，分别得到了调整方案和最终方案上的行驶轨迹，如图 6-15 所示。根据轨迹的平面坐标可以计算出轨迹与路中线之间的横向距离即轨迹横向偏差，如图 6-16 所示。根据这两幅图我们可以对弯道位置的路面加宽值进行控制，以增加公路的容错能力，最终提高公路行驶安全性。

从这两幅图中能看到，C_1、C_2 和 C_4 是横向偏差比较明显的三个位置。由于 C_1 的转角不大，车辆很容易通过，常规的曲线内侧加宽即可以满足要求。而 C_2 和 C_4 都是大转角弯道且半径又都较低，即所谓的急弯，驾驶人在遇到这类弯道时通常会使用两种办法来增大轨迹半径：一种是切弯，即车辆从外侧进弯临近曲中位置时才靠近弯道内侧，如 C_2；另一种是在进入弯道时轨迹一直靠向弯道外侧，如 C_4。这两种方法都可以减小轨迹曲率（增加弯道半径），从而使过弯变得容易。由于车辆轨迹在此类弯道上可能靠近内侧也可能靠近外侧，即存在不确定性，因此我们对 C_2 和 C_4 做了特殊的双侧加宽处理，以增加公路对不同类型驾驶员的包容能力。

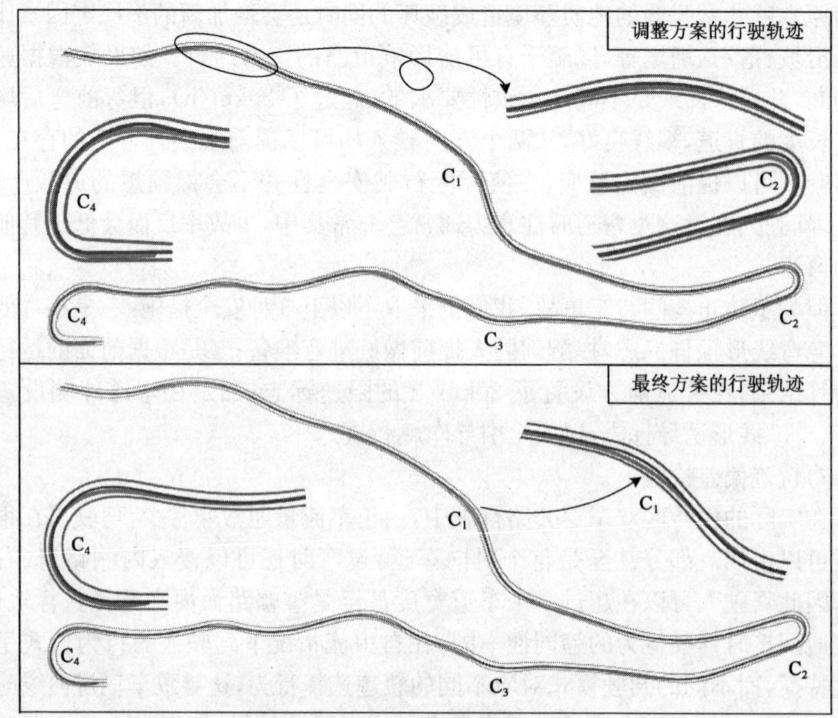

图 6-15　路线方案上的行驶轨迹（曲率最优）

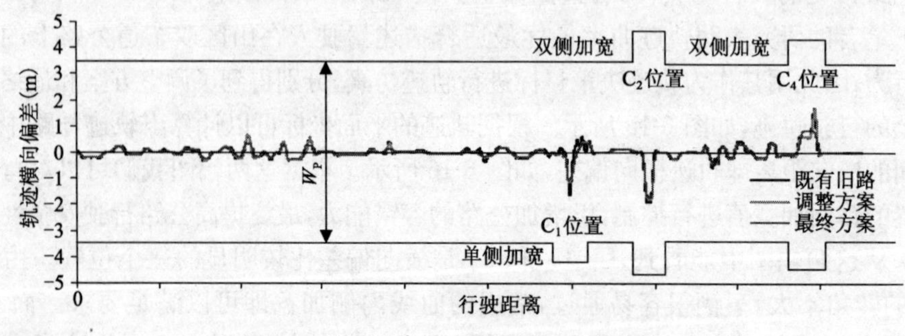

图 6-16　行驶轨迹与平面线形之间的横向偏差

3)行驶舒适性检验

在此,我们选择速度控制负荷、方向控制负荷和横向加速度来衡量车辆在路线设计方案行驶时的舒适性。其中速度控制负荷是指驾驶人为把速度调整至与线形条件相对应的幅值而发生的一系列操作,比如制动、换挡、加速等;方向控制负荷是指驾驶人为了适应路线方向的改变而发生的转向盘操作输入。显然,速度和方向控制负荷越低,驾驶人的工作量越小,行驶过程越舒适。相比之下,横向加速度可以直接用来描述车辆行驶时驾驶人和乘人的舒适水平。

(1)速度控制负荷

山岭区双车道公路的交通量通常很低,车辆基本属于自由行驶状态,在此情况下行驶速度波动几乎都是由线形变化所引起。以弯道行驶为例,每一次速度波动都涉及到进弯减速和出弯加速这两个基本操作,如果是急弯还需要辅助换挡来完成。因此,速度波动频率越低意味着驾驶操作负荷越少,驾驶过程越舒适。由此一来我们可直接使用运行速度曲线来衡量路线方案的速度控制负荷水平,根据前文的图6-12可知,经过两次修改之后速度曲线的波动频率和波动幅度都显著减少,因此,行驶舒适性得到了明显改善。

此外,每一处速度波动必还将伴随着纵向加速度(纵向作用力),波动越剧烈,纵向加速度幅值越大,驾驶人和乘员的感受越不舒适。因此,减少速度波动次数和幅度还意味着纵向舒适性的改善,如果达到恒速行驶的理想状态,纵向加速度为零,既没有纵向力作用在驾乘人员身上,显然是最舒适的。

(2)方向控制负荷

根据已有的研究成果,转向盘转动角速度能够很好的描述驾驶人操纵车辆行驶时的方向控制负荷,转向盘转速越大,驾驶人越忙乱,负荷水平越高。图6-17是车辆以“行车道居中+自由变速”模式行驶仿真时的转向盘转速的输出结果,能看到最终方案对应的转向盘转速较既有公路和调整方案有明显的降低,同时曲线的变化频率也有所减少,由于转速曲线的每一次变化都意味着转向盘的一次转动,这表明经过调整之后车辆在最终路线方案上行驶时的转向次数有所下降,驾驶舒适性得到了改善。

(3)横向加速度

已有的研究结果表明,当横向加速度 a_y 超出 5.0m/s^2 时,驾驶人和乘员会觉得无法忍受;当 3.6m/s^2 $< a_y <$ 5.0m/s^2 时驾乘感受是不舒适的但尚可忍受;而 a_y 低于 3.6m/s^2 时是较舒适的。图6-18是小客车以“行车道居中+自由变速”模式仿真行驶时的横向加速度曲线,能看到除了仅有的一个位置之外(行驶时间在200s左右),a_y 都是低于 3.6m/s^2 的较舒适界限,这表明车辆在所设计

路线方案上的行驶过程是比较舒适的。由于大客车的行驶速度要明显低于小客车，其横向加速度幅值会更低，因而行驶舒适性会更好，文中就不再给出。

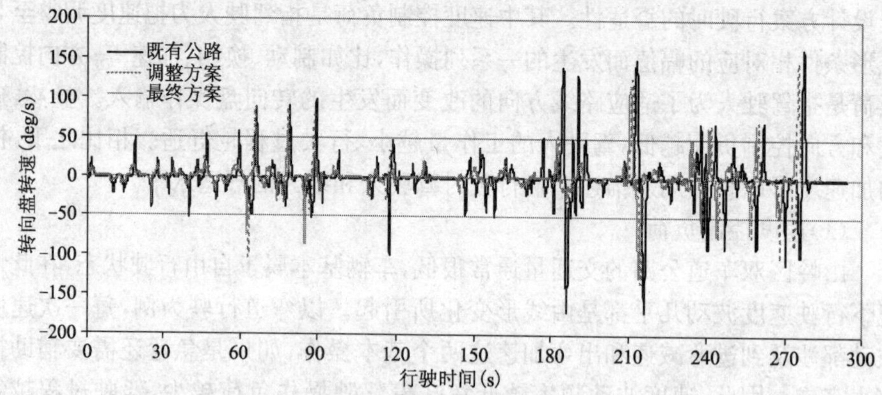

图 6-17　车辆行驶时的转向盘转动角速度

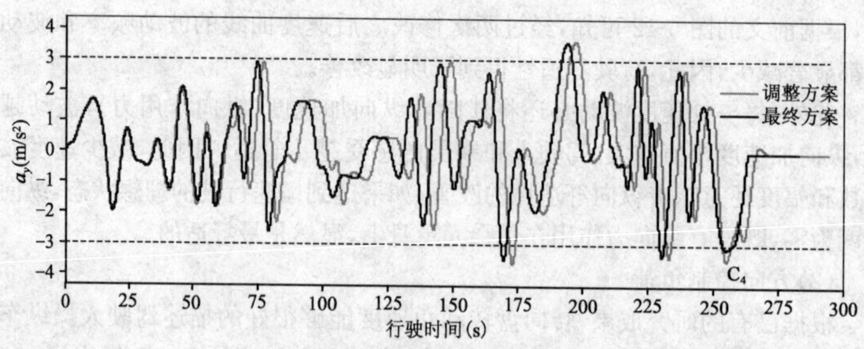

图 6-18　车辆行驶时的横向加速度

6.6　本 章 小 结

要实现山区公路行驶的安全、快速与舒适，最理想的办法显然是在道路设计或是危险路段安全治理时，要充分考虑道路因素与驾驶人、车辆、交通环境的协同作用，使其复杂的结构与功能得到反映，比如应该考虑真实世界中驾驶人多样化的行为习惯，选取有代表性的、典型的驾驶模式，依据典型模式下的轨迹特性和速度特性来控制几何线形参数的选取，来评价路线设计质量或是对运营道路进行危险位置辨识。同时，也需要一种有效的手段来描述或是预测车辆在连续弯道上的行驶状态，实现山区公路连续弯道的参数协同设计。只有如此，才能使所设计的公路满足真实车辆的行驶要求同时又符合驾驶人的自然驾驶习惯，消除道路、车辆、驾驶人、环境之间的不协调，并最终减少高居不下的道路交通事故，而那种能简则简的设计与研究思路显然已经不能够再延续下去。

为此，我们深入调查了真实山区公路上的驾驶行为，特别是与公路设计质量以及行车安全性直接相关的轨迹决策行为和速度决策行为，确定了典型的驾驶模式以及每种类型驾驶人对行驶舒适性、安全性、快捷性和经济性的选择偏好，研究了道路几何、车辆性能、交通特性对驾驶行为的约束机制，建立了驾驶人在山区公路上的轨迹/速度决策模型。我们把行驶轨迹决策技术与行驶速度决策算法技术在一起，形成了“行驶轨迹—行驶速度”协同控制的公路平面线形设计新方法，分析了新方法的适用环境，研究了应用新方法时的设计流程，同时，以四川省 S217 甘孜—新龙—理塘君坝河大桥段和甘孜州泸定县猫磨路公路改扩建设计作为依托工程进行了新方法在公路路线上的设计实例。本书的研究能够为我国越来越多的山岭区双车道公路设计和改建工程提供理论和技术支持，希望设计师能够以此为参考，提高公路设计的安全性和舒适性。待这两条改建公路通车运营后，笔者将对公路的安全性和舒适性做进一步的跟踪调查，以继续改进和完善我们所提出的新方法。

第7章 全书研究工作总结

7.1 主要成果和创新点

(1)公路典型驾驶模式的划分与定义

在数十条公路上进行了大规模的车辆行驶响应参量测量,获取了车辆在山区公路上行驶时的轨迹和速度实测数据,通过分析轨迹的横向位置、拓扑形态和曲率变化来对驾驶人的方向控制习惯进行聚类,然后根据轨迹选择偏好定义了山区公路的典型方向控制模式(轨迹选择模式,共4种)。与此同时,通过分析了行驶速度的幅值变化和波动频率来归类驾驶人的速度偏好并确定了典型的速度控制模式。并且,本书还研究了不同方向控制模式与不同速度控制模式之间的匹配性,得到典型的驾驶行为模式(方向控制模式与速度控制模式的综合)。

(2)不同类型公路的横向加速度模型

从小客车和大客车的行驶参量中提取了横向加速度 a_y、行驶速度 V 和轨迹曲率半径 R,根据横向加速度分布评估了公路行驶舒适性,并分别给出了六、四、双车道3类公路上的横向加速度分布以及特征分位值。分析和解释了横向加速度与轨迹半径之间的负相关关系,建立了3类公路上每种车型的 a_y-R 回归模型,包括均值模型和极限值模型。分析了 a_y 与 V 之间的负相关关系,并按车型分别建立了以 V 为自变量的均值模型和 85^{th}分位模型。本书所建立的 a_y-R 和 a_y-V 模型可以为运行速度计算、路面设计、平曲线超高以及曲线半径的极值设置提供计算参数和控制依据。

(3)复杂公路(赛道)行驶轨迹决策模型以及算法

研究了公路线形、车辆性能以及交通特性(行驶环境)等因素对轨迹决策行为的影响机理和约束机制,首次建立了多种典型方向控制模式下复杂山区道路以及赛道的行驶轨迹决策模型,以及前视轨迹点的滚动时域求解算法。根据不同驾驶模式下的轨迹曲线可以实现任意路段的轨迹冲突辨识、轨迹离散度检测、轨迹侵入辨识以及轨迹与道路几何的一致性分析,进而识别出设计/运营公路的行车危险位置。同时,轨迹曲线也可用于车辆闭环仿真所需的目标轨迹。

(4)复杂公路(赛道)行驶速度决策模型以及算法

研究了道路环境、车辆性能对速度选择行为的约束机制，揭示了“行驶轨迹—行驶速度”之间的耦合机理，首次建立复杂山区公路/赛道的车辆行驶速度决策模型以及动态求解算法。使用该模型能够计算出不同的“轨迹控制模式”与不同的“速度控制模式”组合中，各种典型车型在任意里程复杂山区道路/赛道上的行驶速度，可用于公路路线的设计安全性检验、运营道路的危险位置辨识以及车辆闭环仿真所需的目标速度曲线。

(5)“决策—跟随”驾驶人模型

将所建立的行驶轨迹决策模型和行驶速度决策模型与现有的“预瞄—跟随”模型一起，首次整合成了更完善的“决策—跟随”驾驶人模型，促进了驾驶仿真理论与技术的进一步发展。而已有的驾驶人模型由于都是预瞄—跟随模型，在仿真时需要提供一个目标轨迹和目标速度，目前在处理上一般是将道路中线作为目标轨迹，然后维持定速，这明显不符合实际的山区公路驾驶情况。

(6)提出了公路平面线形设计新方法

首次提出了一种新的山区公路路线设计理论，即“行驶轨迹—行驶速度”协同控制的平面线形设计新方法。此种设计方法带来的变革是设计者能够对全部的几何要素进行控制，因此一改先前仅能调整弯道半径的窘境；同时，由于设置了多种驾驶模式，并在轨迹/速度决策时引入了车辆性能、行驶稳定性和行驶舒适性限制，新方法较之以往更贴近公路的设计思想，即“用真实的驾驶行为和车辆特性来控制道几何设计”。此外，本书还分析了新方法的适用环境，研究了应用新方法时的设计流程，并在 3 条山区公路上取得了良好的应用效果。

7.2 研究成果的应用前景

在今后的几十年里，我国的公路交通领域的设计和建设将呈现以下几个特点，作为公路设计工程师和研究人员，我们必须加以应对。一是随着我国宏观政策和经济增长模式的转变，国民经济增长对基础建设投资的依赖性将不再明显，其高速度、高增长的建设模式必将逐渐缓和并稳定下来，新建道路将大幅度缩减改建工程将会增加，公路设计市场竞争将日益白热化，对公路的设计质量的要求将越来越高，同时，随着公众环保意识的日益提高，公路与环境的相容性将被日益重视，不管是新建工程还是改建工程都将面临着日益严厉的环境影响审查，公路的等级和技术标准必将受到严格限制，因此山区公路为适应地形条件会出现越来越多的复杂线形；二是随着国民经济收入水平以及文化层次的提高，道路用户对行驶安全性的要求将日益增加，而一旦发生重特大交通事故其影响范围和关注程度迅速扩大，设计方将面临越来越大的压力甚至是被问责，因此公路设计将面临越来越严格的安全性审计；三是行驶舒适性虽然一直被认为是公路设计质量特别是山岭区公路设计的一个重要衡量指标，随着经济的发展舒适性将被更加强调，但该指标用哪一个行驶参量来表示，该如何获得和计算，如何用该指标来控制几何参数，目前的辅助设计软件尚不能满足要求；四是在既有路的改扩建设计过程中，如何调整线形，哪里可以维持原来的线形不变、哪里需要改线、路面拓宽多少合适，调整的依据和原则是什么、如何来检查线形与路面的匹配程度没有一个定量的科学的计算手段和计算依据，因此，改建设计存在很大的盲目性和随意性。

基于以上分析，目前亟需一款能够适应山岭区复杂公路和复杂赛道的设计方法，以及能够实施行驶质量分析、评价、检验的仿真手段，以便为设计方案/改建方案（包括初步设计、施工图设计等）提供定量化的设计质量分析和描述，为路线的使用性能以及安全性评价提供有力的技术支持，增加山区复杂道路的运营安全性。而目前是使用运行速度评价作为设计速度方法的辅助检验手段，但实际上运行速度这一单一指标很难准确地反映出公路的行驶安全性，且检验对象仅限于山区高速，局限性很大。而本书的行驶轨迹和速度决策模型以及基于“轨迹—速度”协同控制的路线（平面线形）设计新方法在以下几个方面具有鲜明的特色和明显的优势：

（1）在分析对象方面

目前我国公路安全性检验所使用的运行速度手段其计算依据是《公路项目安全性评价指南》(JTG/B 05—2004)中给出的统计模型，而该统计模型是根据高速公路上的速度观测值建模得到，因此只能对高速公路进行分析检验。但实际上，高速公路特别是平缓地形上高速公路，线形指标非常高，行驶条件良好，驾驶人几乎可以维持恒速行驶，运行速度检验的意义已经非常小，甚至完全没有意义。

而山区二级公路和三、四级公路，由于要顺适地形、减小环境扰动，线形复杂且曲率变化大，车辆行驶经常处于不利状态，时常发生车辆驶离路面的恶性事故，因此亟须进行安全性检验，而我们所提出的模型和设计方法则可以完全适应此种需求。本书的建模数据来源于西南地区的各种等级的山区公路和多种车辆类型，且公路线形越复杂，模型的计算效果越好，优势越明显。

（2）在分析内容方面（计算指标）

目前的运行速度手段仅能计算出运行指标，指标单一且局限性大，因为目前大量的山区公路车辆事故结果表明仅一部分事故是与速度相关，还有很大一部分事故是与方向控制直接相关即轨迹相关性。因此，运行速度方法仅能在某个方面提高道路设计安全性，改善效果自然非常有限。而本书的方法除了能够计算出复杂道路的运行速度之外，还可以得到预期轨迹。根据轨迹的拓扑形态和曲率变化，能够对平面线形与轨迹之间的吻合度、协调性、冲突区域进行分析和辨识，并且还能够对道路幅宽以及曲线加宽的合理性进行检验。因此，能够全面的提升公路设计方案的安全水平。

除此之外，将速度与预期轨迹导入车辆动力学仿真系统，进行虚拟行驶试验还能够得到各种关键的车辆响应参量比如横向加速度、纵向加速度、转向盘输入、踏板输入以及轮胎侧偏等。因此，能够更加全面地对路线的行驶安全性和舒适性进行分析和描述。

(3)在线形要素的可调性方面

目前的运行速度统计模型大都是以弯道半径 R 为自变量，因此设计人员仅能够对平曲线半径一个要素进行调整，而其他重要的几何参数比如曲线转角、路幅宽度、行车道宽度、回旋线、弯道偏转方向等，设计者要调整时由于缺少依据根本无从下手。而本书所提出的是优化决策模型，其原理对公路上的驾驶模式进行分类，然后在路面可行驶宽度内决策典型方向控制模式的行驶轨迹并计算出轨迹曲率，再根据轨迹曲率并结合行驶稳定性、舒适性以及交通密度等限制条件，决策出行驶速度，因此得到的速度曲线是人、车、路、环境协同作用下的结果，更贴近真实的行驶状态。用此模型，全部的平面线形和横断面参数都能够考虑进来。

7.3　下一阶段的研究工作计划

用本书方法可以预测出任意平曲线位置的行驶速度，进而可以计算出行车视距并用其控制竖曲线半径。小客车和轻型货车由于具有很高的单位质量比功率，在目前设计规范容许的坡度范围内其行驶速度度是由平面线形控制，因此单独使用本书方法便可得到其行驶速度。相比之下，单位质量比功率非常低的重型货车除了受平曲线影响之外，对于坡度和坡长的变化也非常敏感，特别是坡度超过3%时。

为此，笔者下一步将研究重型货车在山岭区公路上的行驶特性，尝试得到能够考虑驾驶人行为、车辆性能、装载因素以及道路设计因素影响的重载车辆行驶速度预测模型，然后与本书方法结合在一起，形成完整的空间三维线形设计方法。

参考文献

[1] Plöchl M, Edelmann J. Driver models in automobile dynamics application [J]. Vehicle System Dynamics, 2007, 45(7-8): 699-741.

[2] Macadam C C. Application of an optimal preview control for simulation of closed-loop automobile driving [C]// IEEE Transactions on Systems, Man,and Cybernetics, SMC-11(6),393-399.

[3] Macadam C C. Understanding and Modeling the Human Driver[J]. Vehicle System Dynamics, 2003,40(1-3):101-134.

[4] Savkoor A R,Ausejo S. Analysis of driver's steering and speed control strategies in curve negotiation[J]. Vehicle System Dynamics,1999,33(9):94-109.

[5] 邵海鹏,杨雪峰.面向公路线形评价的驾驶员方向控制模型[J].长安大学学报(自然科学版),2010,30(2):84-88.

[6] 陈涛,魏朗.人车路互动模式虚拟仿真系统[J].长安大学学报(自然科学版),2007,27(1):67-71.

[7] Guo K,Cheng Y and Ding H. Analytical method for modeling driver in vehicle directional control. Vehicle System Dynamics,2004,41(9):401-410.

[8] Sharp R S,Casanova D and Symonds P. A mathematical model for driver steering control,with design,tuning and performance results[J]. Vehicle System Dynamics,2000,33(5):289-326.

[9] 丁海涛,郭孔辉,李飞,等.基于加速度反馈的任意道路和车速跟随控制驾驶员模型[J].机械工程学报,2010,46(10):116-121.

[10] MoonS Yi K. Human driving data-based design of a vehicle adaptive cruise control algorithm[J]. Vehicle System Dynamics, 2008, 46(8): 661-690.

[11] Macadam C C,Johnson G E. Application of elementary neural networks and preview sensors for representing driver steering control behavior. Vehicle System Dynamics,1996,25(1):3-30.

[12] Kuriyagawa Y, Im H, Kageyama I, Onishi S. A research on analytical method of driver-vehicle-environment system for construction of intelligent driver support system. Vehicle System Dynamics, 2002, 37(5):

339-358.

[13] Hessburg T, Tomizuka M. Fuzzy logic control for lateral vehicle guidance. Control Systems Magazine, 1994, 14(4): 55-63.

[14] Lauffenburger J, Basset M, Coffin F and Gissinger G L. Driver-aid system using path-planning for lateral vehicle control. Control Engineering Practice, 2003, 11(2): 217-231.

[15] 段立飞,高振海,王德平. 驾驶员对汽车方向的自适应控制行为建模[J]. 机械工程学报,2011,47(8):121-126.

[16] 管欣,张立存,高振海. 驾驶员确定汽车预期轨迹的网格式优化模型[J]. 中国机械工程,2006,17(15):1461-1464.

[17] Li L, Wang F Y. An integrated design framework for driver/passenger-oriented trajectory planning[C]//Proceedings of the IEEE International Conference on Intelligent Transportation Systems, 2003, (2): 1764-1769.

[18] Preusse Ch. A driver model for online control of virtual cars[C]//Proceedings of the IEEE International Conference on Control Applications, 2001, 1174-1178.

[19] Prokop G. Modeling human vehicle driving by model predictive online optimization[J]. Vehicle System Dynamics, 2001, 35(1): 19-53.

[20] Boyer F, Lamiraux F. Trajectory deformation applied to kinodynamic motion planning for a realistic car model[C]//Robotics and Automation, 2006. ICRA 2006. Proceedings 2006 IEEE International Conference, Orlando, FL, 2006, 487-492

[21] Edelmann J, Plöchl M, Reinalter W, Tieber W R. A passenger car driver model for higher lateral accelerations[J]. Vehicle System Dynamics, 2007, 45(12): 1117-1129.

[22] 张驰,杨少伟,潘兵宏,赵一飞. 交通仿真中驾驶员空间视野感知模型[J]. 交通运输工程学报,2010,10(4):115-120.

[23] 潘兵宏,赵一飞,梁孝忠. 动视觉原理在公路线形设计中的应用[J]. 长安大学学报(自然科学版),2004,24(6):20-24.

[24] Gietelink O, Ploeg J, Schutter B D, et al. Development of advanced driver assistance systems with vehicle hardware-in-the-loop simulations[J]. Vehicle System Dynamics, 2006, 44(7): 569-590.

[25] Guo K, Ding H, Zhang J, Lu J, Wang R. Development of a longitudinal

and lateral driver model for autonomous vehicle control[J]. International Journal of Vehicle Design,2004,36(1),50-65.

[26] Iwaki R,Kaneko T,Kageyama I. Study on the longitudinal control analysis of a driver of a heavy-duty vehicle following another vehicle[J]. Vehicle System Dynamics,2006,44(9):216-229.

[27] 高振海,管欣,李谦,郭孔辉. 驾驶员最优预瞄纵向加速度模型[J]. 汽车工程,2002,24(5):434-437.

[28] Chung S B,Song K H,Hong S Y,et al. Development of sensitivity term in car-following model considering practical driving behavior of preventing rear end collision[J]. Journal of Eastern Asia Society for Transportation Studies,2005(6):1354-1367.

[29] 樊小红,贺昱曜,于福华. 考虑车辆动力性能的跟驰模型[J]. 长安大学学报(自然科学版),2010,30(1):80-82.

[30] Brackstone M,McDonald M. Car-following:a historical review[J]. Transportation Research Part F:Traffic Psychology and Behaviour,1999,2(4),181-196.

[31] Kuriyagawa Y,Im H E,Kageyama I,Onishi S. A research on analytical method of driver-vehicle-environment system for construction of intelligent driver support system[J]. Vehicle System Dynamics,2002,37(5),339-358.

[32] 管欣,王景武,高振海,张立存. 基于驾驶员行为模拟的ACC控制算法[J]. 汽车工程,2004,26(2):205-209.

[33] Irmscher M,Jürgensohn T,Willumeit H P. Driver models in vehicle development[J]. Vehicle System Dynamics,1999,33(9):83-93.

[34] Martens M H,Comte S,Kaptein N A. The Effects of Road Design on Speed Behaviour:A Literature Review[R]. No RO-96-SC. 202. TNO Human Factors Research Institute,The Netherlands,1997.

[35] Kanellaidis G. Factors Affecting Drivers' Choice of Speed on Roadway Curves[J]. Journal of Safety Research,1995,26(1):49-56.

[36] 陈涛,魏朗,袁望方. 运行车速认知因子虚拟仿真试验[J]. 交通运输工程学报,2008,18(2):122-126.

[37] Bruno C, Aurelio M,Paolo P,et al. Operating Speed Prediction Model For Two-Lane Rural Roads[C]//Transportation Research Board Busi-

ness Office. 3rd International Symposium on Highway Geometric Design, Chicago Illinois, United States, 2005.

[38] 杨少伟,张驰,王海君,等.公路线形设计中的可能速度预测模型[J].长安大学学报(自然科学版),2008,28(2):36-39.

[39] 叶亚丽,许金良,杨宏志,胡圣能.双车道二级公路小半径曲线段"运行速度—半径"模型研究[J].公路,2009(4):104-108.

[40] Richl L, Sayed T. Effect of speed prediction models and perceived radius on design consistency[J]. Canadian Journal of Civil Engineering, 2005, 32(2):388-399.

[41] Memon R A, Khaskheli G B, Qureshi A S. Operating speed models for two-lane rural roads in pakistan[J]. Canadian Journal of Civil Engineering, 2008, 35(5):443-453.

[42] 邵毅明,毛嘉川,刘胜川,徐进.山区公路上驾驶员的车速控制行为分析[J].交通运输工程学报,2011,11(1):79-88.

[43] Fitzpatrick K. Design Speed, Operating Speed, and Posted Speed Practices [R]. NCHRP REPORT 504. National Cooperative Highway Research Program, Transportation Research Board, Washington, D. C. 2003.

[44] Allen R W, Cook M L, Rosenthal T J. Application of driving simulation to road safety[J]. Advances in Transportation Studies an international Journal, 2007, (Special Issue): 5-8.

[45] 裴玉龙.道路勘测设计[M].哈尔滨:哈尔滨工业大学出版社,2005.

[46] Warner W H. Drivers′ decision to speed: A study inspired by the theory of planned behavior [J]. Transportation Research Part F, 2006, 9 (6): 427-433.

[47] Krammes R A, Garnham M A. Worldwide review of alignment design policies [C]//International symposium on highway geometric design practices. Texas, Transportation Research Board, 1998: 1-19.

[48] Wang J. Operating speed models for low speed urban environments based on in-vehicle GPS data [D]. Athens: Georgia Institute of Technology, 2006.

[49] Spacek P. Track Behavior in Curve Areas: Attempt at Typology[J]. Journal of Transportation Engineering, 2005, 131(9): 669-676.

[50] Said D, Hassan Y, Halim A O. Methodology for Analysing Vehicle Traj-

ectory and Relation to Geometric Design of Highways[J]. Advances in Transportation Studies an international Journal, 2006, 10(B): 55-72.

[51] Steyer R. Design criteria for curves on two lane rural highways[C]// AASHTO. International Symposium on Highway Geometric Design Practices, Boston, Transportation Research Board, 1998.

[52] Elliot M A, McColl V A, Kennedy J V. Road design measures to reduce drivers' speed via 'psychological' processes: a literature review[R]. TRL report TRL564. Transport Research Laboratory, Crowthorne, 2003.

[53] Martens M, Comte S, Kaptein N. Effects of Road Design on Speed Behaviour: A Literature Review[R]. TNO report TM-97-B021. Deliverable 1 of the MASTER project, TNO, Soesterberg, 1997.

[54] Hong S J, Oguchi T. Evaluation of highway geometric design and analysis of actual operating speed[J]. Journal of the Eastern Asia Society for Transportation Studies, 2005, 6: 1048-1061.

[55] Voigt A. Evaluation of alternative horizontal curve design approaches on rural two-lane highways[R]. No. TTI-04690-3, Texas Transportation Institute, Texas, 1996.

[56] Crisman B, Marchionna A, Perco P. Operating speed prediction model for two lane rural roads[C]// 3rd International Symposium on Highway Geometric Design. Chicago: Transportation Research Board, 2005: 1-9.

[57] 高建平,郭忠印.基于运行车速的公路线形设计质量评价[J].同济大学学报(自然科学版),2004,32(7):906-911.

[58] Easa S M. Establishing highway horizontal alignment to maximize design consistency[J] Canadian Journal of Civil Engineering, 2007, 34(9): 1159-1168.

[59] 许金良,叶亚丽,苏英平,杨宏志.双车道二级公路纵坡段车辆运行速度预测模型[J].中国公路学报,2008,21(6):31-36.

[60] Donnell E T, Ni Y W, Adolini M, et al. Speed Prediction Models for Trucks on Two-Lane Rural Highways[J]. Journal of the Transportation Research Board, 2007(1): 44-55.

[61] Kanellaidis G, Dimitropoulos I. Investigation of current and proposed superelevation design practices on roadways curves[C]//AASHTO. International Symposium on Highway Geometric Design Practices, Boston,

Transportation Research Board,1998.

[62] 中华人民共和国行业标准. JTG D20—2006 公路路线设计规范[S]. 北京:人民交通出版社,2006.

[63] 马朝庆,韩跃杰,许福,等. 基于运行速度的路线设计方法研究[J]. 长沙交通学院学报,2006,22(3):54-57.

[64] 涂圣文,苏州. 基于GIS和遗传2粒子群的公路智能选线方法[J]. 长安大学学报(自然科学版),2010,30(4):40-46.

[65] 徐进,彭其渊,邵毅明. 路线及路面条件设计阶段的安全性评价仿真系统[J]. 中国公路学报,2007,20(6):36-42.

[66] 中国公路学报编辑部. 中国道路工程学术研究综述·2013[J]. 中国公路学报,2013,26(3):1-36.

[67] 徐进,邵毅明,彭其渊,陈泳汐. 大客车和小客车在各种类型公路上的连续行驶速度工况分析[J]. 交通科学与工程,2012,28(4):45-58.

[68] 徐进,彭其渊,邵毅明. 运行车速预测新方法及其应用[J]. 西南交通大学学报,2010,45(2):238-248.

[69] 徐进,彭其渊,罗庆,邵毅明. 公路平曲线参数对车辆轨迹和速度的影响规律[J]. 同济大学学报(自然科学版),2012,40(1):45-50.

[70] 徐进. 用于道路几何线形质量评价的仿真模型和动力学指标[J]. 公路交通科技,2007,24(11):114-119.

[71] 徐进,邵毅明,彭其渊. 公路线形的操纵负荷分析及设计控制[J]. 东南大学学报(自然科学版),2009,31(4):867-872.

[72] 潘晓东,隋永芹,杨轸,等. 山区公路小半径曲线事故黑点改善效果评价[J]. 同济大学学报(自然科学版),2009,37(2):220-225.

[73] 潘晓东,蒋宏,杨轸. 山区公路小半径曲线事故黑点案例分析[J]. 同济大学学报(自然科学版),2007,35(12):1642-1645.

[74] 邵毅明,谭丹萍,束海波,等. 公路平曲线超高/反超高对车辆操纵的影响[J]. 交通科学与工程,2010,26(1):79-84.

[75] Hugemann W, Nicke M. Longitudinal and lateral accelerations in normal day driving[C]. In: Allen E J. ITAI Conference. Croydon: the Institute of Traffic Accident Investigators, 2003, 1-8.

[76] Tokunaga R A, Asano M, Munehiro K, et al. Effects of curve designs and road conditions on driver's curve sharpness judgment and driving behavior[J]. Journal of the Eastern Asia Society for Transportation Studies,

2005(6): 3536-3550.

[77] 和松,常成利,钱敢之.路面横向力系数速度修正试验研究[J].公路交通科技,2005,22(6):54-56.

[78] 潘晓东,林涛,杨轸.驾驶员心率血压与山区公路横向力系数关系[J].同济大学学报(自然科学版),2006,34(6):748-751.

[79] 中华人民共和国行业标准. JTG B 01—2003 公路工程技术标准[S].北京:人民交通出版社,2004.

[80] 彭志群.道路平面线形舒适性评价方法研究[D].西安:长安大学,2005.

[81] 徐进,罗庆,毛嘉川,赵军,吴国雄.考虑弯道几何要素和交通量影响的汽车行驶速度预测模型[J].中国公路学报,2012,25(5):47-57.

[82] Marchionna A, Perco P. Operating Speed-Profile Prediction Model for Two-Lane Rural Roads in the Italian Context[J]. Advances in Transportation Studies, 2008, 14(B): 57-68.

[83] Uwe Wurster, Bernhard Schick. Substantial Progress of Virtual Driver Skills in Interaction with Advanced Control Systems to meet the new Challenges of Vehicle Dynamics Simulation [C]// 10th International Symposium on Advanced Vehicle Control, Loughborough, UK. 2010, 1-9.